乡村振兴战略下乡村文化发展研究

陈 帅 著

吉林大学出版社

图书在版编目（CIP）数据

乡村振兴战略下乡村文化发展研究/陈帅著.
长春：吉林大学出版社 2024. 9. – ISBN 978-7-5768-
3792-6

Ⅰ. G127

中国国家版本馆 CIP 数据核字第 2024UT2495 号

书　　名　乡村振兴战略下乡村文化发展研究

作　　者　陈　帅　著
策划编辑　李伟华
责任编辑　王宁宁
责任校对　柳　燕
装帧设计　万典文化
出版发行　吉林大学出版社
社　　址　长春市人民大街 4059 号
邮政编码　130021
发行电话　0431 – 89580028/29/21
网　　址　http://www. jlup. com. cn
电子邮箱　jdcbs@ jlu. edu. cn
印　　刷　唐山唐文印刷有限公司
开　　本　787 mm×1092 mm　1/16
印　　张　12
字　　数　230 千字
版　　次　2025 年 4 月　第 1 版
印　　次　2025 年 4 月　第 1 次印刷
书　　号　ISBN 978-7-5768-3792-6
定　　价　68. 00 元

PREFACE

前　言

在全球化快速发展的当下，乡村地区面临着前所未有的挑战与机遇。随着城乡差距的逐步拉大，乡村振兴战略应运而生，旨在全面提升乡村的社会、经济和文化发展水平。乡村文化，作为乡村振兴的核心组成部分，不仅承载着地区的历史和传统，更是现代社会可持续发展的重要基石。因此，深入研究乡村文化的发展，探讨其在乡村振兴中的作用与挑战，对于推动乡村全面振兴具有重要的理论和实践意义。

本书《乡村振兴战略下乡村文化发展研究》旨在系统地分析和总结乡村振兴战略下乡村文化的现状、挑战及其发展策略。通过深入探讨乡村文化的多个维度，本书希望为读者提供一个全面的视角，理解乡村文化的复杂性和多样性，并提出切实可行的发展策略，以应对当前和未来的挑战。

第一章对乡村振兴战略进行了概述，详细介绍了其起源、发展及核心内容，并探讨了国家层面的政策支持。随后，第二章和第三章分别分析了乡村文化的现状、挑战以及其在乡村社会经济发展中的基础理论和实际作用。第四章和第五章进一步讨论了乡村文化与经济、社会建设的深度融合，突出其在促进地方产业发展和社会治理中的关键角色。

第六章至第八章聚焦于乡村文化的未来发展策略和长期机制建设，探讨了如何通过政策支持、资金投入以及科技与教育的应用来推动乡村文化的持续发展。此外，书中也特别关注了在全球化背景下乡村文化的保护与发展，以及新技术如何被应用于乡村文化的传承与创新。

在撰写本书过程中，我们广泛参考了国内外的研究文献，并结合实地调研的第一手资料，力求使分析和讨论更具深度和广度。希望本书能为政策制定者、研究人员以及所有关心乡村振兴和文化发展的读者提供价值视角和参考资料。

乡村文化的振兴不是一朝一夕的事业，它需要政府、社会各界以及每一个乡村居民的共同努力和智慧。通过持续的关注和合理的策略部署，我们有理由相信，乡村文化能够在现代社会中焕发新的活力，为实现乡村全面振兴和可持续发展奠定坚实的基础。

作　者
2024 年 6 月

CONTENTS 目　录

第一章　乡村振兴战略概述

在当前全球经济与社会快速发展的背景下，乡村地区作为国家经济和文化的重要组成部分，其全面振兴显得尤为重要。乡村振兴战略，作为国家发展的重大决策之一，旨在推动农业现代化，促进乡村经济、社会、文化及生态环境的全面进步。

第一节　乡村振兴战略的起源与发展

乡村振兴战略是中国在全球化与国内发展动态中制定的一项重大战略决策。它旨在响应全球农业发展和农村变革的深刻趋势，同时解决中国长期以来城乡之间日益扩大的发展不平衡问题。这一战略的提出和实施，标志着中国政府将农村发展提升到国家战略的高度，重视其在整体国家发展中的核心地位。

在全球范围内，农业与农村地区面临着转型的挑战，包括技术革新、市场国际化以及气候变化等因素的影响，这些都要求每个国家都必须重新思考和调整其农业和农村发展策略。中国的乡村振兴战略因此诞生于这样的背景之下，不仅是对国际趋势的一种回应，更是一种前瞻性的布局，旨在通过综合性的发展措施，推动农业现代化和农村地区的全面进步。

国内方面，乡村振兴战略着重于缩小城乡差距，提高农村地区的生活质量和经济条件。长期以来，中国的城市化进程虽快速推进，但也带来了城乡发展不平衡的问题，如农村劳动力流失、基础设施落后和文化传承断层等。乡村振兴战略通过推动农业科技创新、改善农村基础设施、提升公共服务质量以及促进文化和生态保护，致力于构建一个和谐的城乡发展新模式，使农村地区能够在现代化进程中充分发挥其独特的经济和文化价值。

一、乡村振兴战略提出的经济与社会发展背景

（一）经济发展的新阶段

随着中国经济发展进入新常态，经济增长模式由过去的高速增长转向以质量效益为核

心的高质量发展阶段。这一转变不仅体现了国家经济发展的成熟度，也提出了农业和农村转型升级的迫切需求。在这一背景下，乡村振兴战略应运而生，旨在通过推动农业农村现代化，实现农业质量效益和竞争力的显著提升，进而推动整个国家经济的高质量发展。

1. 转型升级需要

中国经济的高质量发展要求农业农村同步实现转型升级。这一需求体现在多个方面：首先，是提高农业的科技含量和产业化水平，通过技术革新和产业整合，提升农业的整体效益和竞争力；其次，是改善农村经济结构和居民生活质量，通过发展多种经营和增加农民收入，促进农村社会的全面进步；最后，是强化农村基础设施建设，改善农村公共服务体系，提升农村居民的生活水平和生产生活条件。

中国 GDP 的持续增长和居民收入的不断提高，为乡村振兴提供了坚实支持。2017—2022 年，我国居民人均可支配收入从 25974 元增长至 36883 元①，年均复合增长率达到 7.26%，呈现稳步上升的态势。2023 年，城乡居民恩格尔系数降至 28.8%，农村居民 32.4%②，均步入联合国定义的富裕阶段。

农业和农村发展取得历史性成就，为乡村振兴战略奠定了重要基础。特别是从党的十八大开始，政府对农业农村的重视和支持带动了农业生产的显著增长和农民收入的大幅提升。2013 年到 2022 年，粮食产量从 60194 万吨增至 68655 万吨③。同时，农民人均可支配收入从 2012 年的 7917 元增加至 2023 年的 21691 元④，增长近 173%。农村医疗卫生设施也得到了改善，2010 年到 2022 年，乡镇卫生院床位数从 1.12 张增至 2.97 张⑤。此外，精准扶贫政策实施后，我国已经基本消除农村贫困人口，如期完成消除绝对贫困的艰巨任务⑥。农村居民的购买力也显著增强，购买各类耐用消费品的比例有明显提升。

2. 城乡发展不平衡

经济快速发展的同时，城乡发展不平衡问题日益凸显。城市与农村之间在经济发展水

---

① 数读中国这十年｜居民人均可支配收入十年增长超 80% 人民生活水平持续改善 [EB\OL]. 人民政协网：https://www.rmzxb.com.cn/c/2023-12-20/3462987.shtml

② 中华人民共和国 2023 年国民经济和社会发展统计公报 [EB\OL]. 国家统计局：https://www.stats.gov.cn/sj/zxfb/202402/t20240228_1947915.html

③ 高鸣，魏佳朔. 新一轮千亿斤粮食产能提升的源泉：全要素生产率的增长与贡献 [J]. 华中农业大学学报（社会科学版），2024（1）：15-27

④ 国家统计局：2023 年全国农民工人均月收入 4780 元 [EB\OL]. 南方农村报：https://news.nfncb.cn/yaowen/40514.html

⑤ 2022 年我国卫生健康事业发展统计公报 [EB\OL]. 卫健委：https://wsjsw.czs.gov.cn/uploadfiles/202401/2024010916460940984.pdf

⑥ 脱贫攻坚战取得全面胜利 脱贫地区农民生活持续改善——党的十八大以来经济社会发展成就系列报告之二十 [EB\OL]. 国家统计局：https://www.stats.gov.cn/sj/sjjd/202302/t20230202_1896696.html

平、基础设施建设、公共服务等方面的差距明显，这些差距不仅影响了社会的和谐稳定，也成为制约经济持续健康发展的重要因素。农村地区的发展滞后和基础设施的薄弱，尤其成为乡村振兴战略需要着重解决的问题。通过加大对农村地区的投入，优化资源配置，不仅可以缩小城乡差距，也可以为国家经济的可持续发展注入新的活力。

农业资源面临严峻约束。这包括土地、水资源和劳动力等关键方面。从土地资源角度看，中国的耕地面积约为 134.9 万平方公里（20.24 亿亩），居全球第四位，但人均耕地仅为 1.46 亩，是全球平均水平的 40%，位列全球第 126。此外，大部分耕地质量较低，其中中等和低等地占比超过三分之二。在水资源方面，尽管总量位居世界第六，但人均水资源仅有 2354.9 立方米，仅为全球平均的四分之一，使中国成为世界上水资源最匮乏的国家之一。同时，农业用水效率低下，损失率高达 50%。在劳动力资源方面，随着城镇化和工业化加速，越来越多的农民工选择离开农村，留下的主要是 60 岁以上的老年农民，农业劳动力的严重短缺已成为制约农业和农村发展的关键。

"空心村"现象严重。这主要体现在土地荒废和房屋空置两个方面。尽管政府对"三农"问题日益重视，部分村落的土地得到合理利用，但在偏远和地势复杂的区域，如四川东北地区的山地和丘陵区，仍有大量土地处于荒废状态。同时，由于大量村民外出务工，许多农房被弃用，导致村庄普遍呈现老旧、破败的状态。在土地资源相对紧缺的背景下，这种资源浪费如果不解决，将严重影响中国乡村甚至国家的可持续发展。

食品安全问题持续存在。尽管近年来中国加强了食品安全的监管和惩治力度，但问题依然存在。以 2016 年美国食品药品管理局拒绝进口中国农产品为例，我们发现中国食品中仍检出杀虫剂、有毒物质等不安全因素，导致许多农产品无法出口至美国、日本等国。根据英国经济学人智库 2022 年发布的全球食品安全指数报告，中国在 113 个参评国家中排名第 25 位，表明食品安全问题仍然较为突出。

总之，经济发展的新阶段对农业和农村提出了转型升级的需求，同时也提供了乡村振兴的历史机遇。面对城乡发展不平衡的问题，乡村振兴战略的实施将是解决这一问题的关键，它不仅关乎农业农村的未来发展，也是推动全国经济高质量发展的重要途径。

（二）农业农村基础的巨大变化

随着中国经济和社会的快速发展，农业和农村领域经历了深刻的变革，为乡村振兴战略的实施提供了坚实的基础。这些变化不仅体现在农业生产的现代化程度上，还表现在农村社会结构的深刻调整中。

1. 农业现代化成果

多年的农业改革和科技发展，推动了中国农业从传统向现代化的转变。农业技术的进步显著提高了生产效率，使得粮食和农产品的产量得到了大幅度的增长，农业结构也更加优化。生物技术、信息技术和机械化等现代农业技术的应用，使得农业生产更加科学化、精准化。这些成果为解决农村贫困、推动乡村振兴奠定了重要的物质基础，也提高了农业对国民经济的贡献率和农民的生活水平。

2. 农村社会结构变动

伴随着经济社会的发展和城镇化进程的加快，农村社会结构也发生了显著变化。农村劳动力结构和人口结构的变化，尤其是大量年轻劳动力向城市转移，导致了农村劳动力的老龄化和男女比例失衡等问题。这些变化对农村的传统发展模式提出了新的挑战，也迫切要求构建适应新时代要求的农村发展新模式。

随着城镇化的深入，农村地区也出现了新的发展机遇，如乡村旅游、特色农产品开发等新兴产业，这些都为农村经济的多元化发展提供了可能。因此，乡村振兴战略不仅需要关注农业生产的现代化，也需要关注农村社会结构的优化和创新，通过引入新的发展理念和模式，促进农村经济的全面振兴。

总之，农业的现代化成果和农村社会结构的变动，共同构成了乡村振兴战略实施的物质基础和社会条件。面对这些巨大的变化，乡村振兴战略需要综合考虑农业生产、农村生活和农民福祉，推动农业农村全面、协调、可持续的发展。

（三）社会主义现代化建设的战略需求

在中国特色社会主义进程中，乡村振兴战略的提出和实施，不仅是农业农村发展的需要，更是社会主义现代化建设的战略需求。这一战略的核心目标和布局，深刻体现了中国特色社会主义发展道路的全面性和深远性。

1. 全面建成小康社会的目标

全面建成小康社会，是中国共产党向人民、向历史作出的庄严承诺。在这一目标的实现过程中，乡村振兴战略扮演着至关重要的角色。实现乡村振兴，意味着要在经济、政治、文化、社会、生态文明等方面实现农村的全面进步和全面发展，从而为全面建成小康社会提供坚实的基础。

这一过程中，缩小城乡差距、提高农民生活水平成为关键任务。城乡差距的缩小不仅体现在经济收入上，更包括教育、医疗、文化等社会服务的均等化，确保农村居民同样能享受到社会发展的成果。通过提高农民生活水平，使农民真正成为全面小康社会的共享者。

2. 社会主义现代化强国的战略布局

乡村振兴战略的深远意义，还体现在其对于实现社会主义现代化强国梦想的战略作用。在新时代背景下，乡村振兴成为推进国家治理体系和治理能力现代化的重要内容，是实现中华民族伟大复兴中国梦的重要组成部分。

乡村振兴战略的成功实施，有助于形成更加均衡的区域发展格局，促进社会的和谐稳定。同时，通过发展现代农业和农村经济，提升农村的自我发展能力，为中国特色社会主义现代化建设贡献独特力量。此外，乡村振兴还涉及生态文明建设、文化传承创新等多个方面，这些都是社会主义现代化建设不可或缺的组成部分。

总之，乡村振兴战略是全面建成小康社会和实现社会主义现代化强国战略布局中的关键一环。它不仅关乎农业农村的未来，更关系国家的全面发展和长远大计。通过实施乡村振兴战略，可以有效推进社会主义现代化进程，为实现中华民族伟大复兴的中国梦提供坚实支撑。

（四）农民群众对美好生活的向往

在乡村振兴的伟大征程中，农民群众对美好生活的向往是推动战略实施的深刻动力。随着社会经济的持续发展和人民生活水平的普遍提高，农村居民的期望值和需求标准也在不断上升，他们对物质生活和精神文化生活的要求越来越高。这些变化不仅体现了农村社会发展的积极趋势，也提出了乡村振兴战略在实施过程中需要重点关注的方面。

1. 农民增收渴望

提高生活水平、改善生活质量是农民群众普遍和迫切的需求。随着农村经济的逐步发展，农民对增收的渴望愈发强烈。这种渴望不仅体现在对基本生活条件的改善上，更体现在对子女教育、家庭健康、老年保障等方面的关注上。因此，乡村振兴战略在推进过程中，必须将增加农民收入作为核心目标，通过发展多样化的经营模式、推广新技术新业态、加强农产品市场的对接等措施，不断拓宽农民增收渠道，真正提升农民的经济状况。

2. 文化生活需求提升

随着物质生活水平的提高，农村居民对于文化生活的需求也日益增强。他们期待有更多的机会接受良好教育、享受高质量的文化娱乐、利用便捷的医疗服务。这种需求的提升，促使乡村振兴战略必须涵盖公共服务体系的完善和文化生活的丰富。通过建立农村图书室、文化中心、远程教育站点等设施，以及组织各类文化活动和体育赛事，不仅可以丰富农民的精神世界，也有助于提升农民的整体素质和乡村的文化品位，从而推动农村社会的和谐发展。

综上所述，农民群众对美好生活的向往，既是乡村振兴战略实施的社会基础，也是衡量该战略成功与否的重要标准。只有紧紧围绕农民的实际需求，持续推进农业农村现代化，才能真正实现乡村振兴，让农民群众共享社会主义现代化建设的成果，过上幸福美满的生活。

乡村振兴战略的提出背景是多方面的，既有经济社会发展的客观需求，也有农业农村自身变化的内在推动力，更有全面建成小康社会和实现中华民族伟大复兴中国梦的战略布局。乡村振兴战略的实施，对于推进中国农业农村现代化，构建城乡融合发展新格局，具有深远的意义。

二、乡村振兴战略的发展与实施

（一）政策措施

1. 国家级政策支持和地方实施细则

乡村振兴战略的实施得到了中国政府从中央到地方的强有力支持。自党的十九大将乡村振兴上升为国家战略以来，中央政府制定了一系列政策框架，旨在推动农业现代化和农村全面发展。这些政策框架涵盖了《乡村振兴战略规划（2018—2022 年）》等重要文件，明确了时间表和路线图，强调了政策的持续性和稳定性。

具体到政策实施，中央政府的支持主要表现在财政补贴、税收优惠、土地使用权改革等多个方面。例如，国家出台了一系列鼓励农业发展和农村经济转型的财政政策，如增加农业支持力度，提供科技推广服务等。这些政策旨在通过财政支持激发农村地区的经济潜力，促进农村产业升级。

地方政府在实施中也具有关键作用，各地方政府根据本地实际情况制定了具体的实施细则。地方细则根据《中华人民共和国农业法》和《中华人民共和国土地管理法》等法律法规的框架内，调整和实施中央的政策指导。例如，土地使用权改革在不同地区具有不同的实施细节，有的地区试行了土地流转市场，允许农民将土地使用权流转给大农户或农业企业，这样既增加了农民的收入，也提高了土地的利用效率。

此外，税收优惠措施如免除农业税和为小型微利企业提供税收减免，进一步减轻了农民的负担，激励了农村地区的商业活动。这些政策的实施细则通常涉及到与地方财政的协调，确保政策的顺利执行并达到预期的经济社会效益。

通过这样的中央与地方的政策配合，乡村振兴战略不仅仅是顶层设计的政策宣言，更是具体到每一个农村地区可操作、可执行的行动方案。这种政策的深入实施有效地推动了农业现代化的步伐，加快了农村社会经济的全面发展。

2. 跨部门协作与资源整合

为有效推进乡村振兴，中国政府强调了跨部门的协作与资源整合。这一策略的核心在于通过多部门之间的合作，如农业、水利、环保、文化、旅游等，共同制定和实施计划，以确保资源的优化配置。根据《乡村振兴战略规划（2018—2022年）》，这种整合不仅强调了资源的有效利用，也提升了政策的执行效率，同时加强了不同领域政策间的协调。

例如，农业部与水利部合作，共同推进了水资源的合理分配和高效利用，确保农业灌溉需求得到满足而不损害生态环境。环保部门与农业、水利部门的合作则确保了农业发展的可持续性，通过实施严格的环保标准和措施，减少了农业生产中的污染，提升了整个农村环境的质量。

文化和旅游部门的联动则是通过挖掘和保护乡村的文化遗产，同时发展乡村旅游，不仅保护了乡村的文化资源，还为当地创造了新的经济增长点。这种跨部门合作模式在《全国乡村旅游发展规划（2021—2025年）》中得到了详细的规划和推动，目标是通过旅游业的发展带动乡村经济的全面提升。

在实施过程中，跨部门协作的机制还包括了定期的联席会议和信息共享平台，这些都是为了保证各部门在实施乡村振兴战略中能够同步工作，有效解决可能出现的问题。此外，政府还特别强调了地方政府在协调各部门资源中的作用，鼓励地方政府根据自身的特点和需求，制定具体的合作模式和实施方案。

这种跨部门协作和资源整合的策略不仅增强了政策实施的广度和深度，也确保了乡村振兴战略能在全国范围内得到均衡和全面的推进。通过这种协调一致的工作方式，乡村振兴战略实现了政策效果的最大化，为中国农村地区的全面发展提供了坚实的支撑。

（二）重点领域和实施成果

1. 农业现代化与农产品品质提升

农业现代化是乡村振兴战略中的核心内容之一。中国政府通过实施《国家农业现代化规划（2016—2020年）》等一系列政策文件，大力推动了农业技术和设备的升级。这些措施包括引进高效的农业机械、改进种植和养殖技术，以及应用现代生物技术改良作物品种。这种全面的技术推广和应用，极大地提升了农作物的生产效率和质量。

具体到品种改良，政府鼓励和支持农业科研机构与企业合作，开发适应各地气候和土壤条件的优质高产作物品种。例如，通过杂交和基因编辑技术，研发抗病虫害、适应性强的作物品种，这不仅增强了作物的生存能力，还显著提高了农产品的整体品质和产量。

农业设备的现代化也是提升农业生产效率的关键。政府通过补贴政策促进农民采用现代农业机械，如无人驾驶播种机、智能喷灌系统等。这些高效的设备使得农业生产更加精确和省力，降低了生产成本，同时提高了作物的产出和质量。

随着农业生产方式的转变，农产品的品质亦得到了显著提升。通过实施《农产品质量安全法》和建立完善的农产品质量追溯系统，加强了对农产品全生产过程的监管，确保农产品从田间到餐桌的每一个环节都符合食品安全标准。这些措施不仅提升了国内消费者对本国农产品的信任，也增强了中国农产品在国际市场上的竞争力。

总之，农业现代化和农产品品质的提升是乡村振兴战略中不可或缺的一部分。通过政策推动和技术创新，中国的农业正逐步向现代化、高效率、高产出和高质量方向发展，这不仅促进了农业生产的可持续性，也为农民提供了更多的经济收益，从而推动了农村地区的全面发展和繁荣。

2. 农村基础设施建设和公共服务改善

基础设施的完善和公共服务的提升在中国乡村振兴战略中占据了至关重要的位置。为了改善农村居民的生活质量，中国政府通过实施《国家新型城镇化规划（2014—2020年）》和《乡村振兴战略规划（2018—2022年）》等文件，大力投资于农村基础设施和公共服务设施的建设和改善。

具体而言，农村道路、供水、供电和网络通信设施的建设得到了显著加强。例如，农村道路建设项目不仅提高了交通便利性，也促进了农产品的市场流通，增加了农民的收入。同时，供水和供电设施的改善确保了农村居民能够享受到稳定和安全的水电供应，提升了居住环境的舒适度和生活质量。此外，随着"互联网+"战略的推进，农村地区的网络通信基础设施建设迅速发展，极大地改善了信息服务，为农民提供了更多学习和发展的机会。

在公共服务方面，教育和卫生服务的增强对提升农村居民的生活水平尤为重要。政府推动农村教育设施的现代化，提高教育质量，实施了多项措施如乡村教师支持计划和农村学校改善计划，确保农村儿童能够接受良好的教育。同时，卫生服务设施得到了加强，新的乡村卫生所和改善现有医疗设施的项目不断推出，这些举措大大提高了农村地区的医疗卫生水平。

文化服务设施的提升也不容忽视。政府致力于保护和发展农村文化遗产，建立了乡村图书馆、文化中心和体育设施，丰富了农村居民的精神文化生活。这些文化活动不仅提高了农村居民的生活质量，也增强了农村的社区凝聚力和文化自豪感。

通过这些措施，中国政府不仅显著改善了农村地区的居住环境和生活条件，也实现了社会公平和区域均衡发展的战略目标，为实现农业现代化和全面建设社会主义现代化国家奠定了坚实的基础。

3. 生态保护和绿色发展

在推进乡村振兴的过程中，中国政府非常重视生态保护和可持续发展。这一战略的实施得到了《生态文明建设目标评价考核办法》和《绿色发展指标体系》等关键政策文件的支持，这些文件强调了生态环境保护与经济社会发展的协调统一。

中国在农村地区实施了大量的生态修复项目，如"退耕还林"项目，该项目自2000年启动以来，已成功改善了大面积的生态环境，恢复了多个地区的森林覆盖率。这不仅有助于保持生物多样性，还有效防止了土地退化和水土流失，提升了土地的生态服务价值。

同时，中国政府推广了水土保持项目，这些项目通过建设梯田、水库和排水系统，有效减少了农村地区的水土流失问题。这些措施加强了农村地区的水资源管理和保护，保障了农业生产的水源供应。

此外，生态农业和循环农业的推广也是中国乡村振兴中的一项重要内容。政府鼓励使用有机肥料代替化肥，推广生物农药以减少对环境的污染。这些措施不仅减少了化肥和农药的使用，也提高了农产品的安全性和质量，促进了农产品的绿色品牌建设。

为进一步推动绿色发展，中国还制定了《农业绿色发展规划》，该规划明确了到2022年实现农业全面绿色转型的目标。规划中提到，将通过技术创新和制度创新，提升农业资源利用效率，实现农业生产全过程的低碳化、减排化。

这些综合措施显示了中国在推进乡村振兴战略中对生态保护的高度重视。通过这些政策和项目的实施，不仅有效改善了农村地区的生态环境，也为实现可持续发展提供了坚实的基础，进一步推动了乡村地区的经济和社会发展，增强了农村的生态功能和绿色经济潜力。

4. 文化传承与乡村旅游推广

在中国乡村振兴战略中，文化传承与发展占据了核心地位。政府通过《关于实施乡村振兴战略的指导意见》和《传统村落保护条例》等公开文件，明确了保护和修复传统村落的重要性，并强调了将文化遗产作为乡村振兴的重要资源的策略。

政府采取了一系列措施以保护这些文化遗产，包括修复历史建筑、振兴传统手工艺和传统节庆活动。例如，在多个省份，传统的建筑和村落得到了修复和保护，以保存其历史面貌并吸引游客。这些活动不仅有助于保持地区的文化独特性，还促进了居民对自己文化的自豪感和归属感。

与此同时，乡村旅游的发展已经成为推动农村经济发展的一大渠道。通过《乡村旅游发展规划（2021—2025年）》，政府提出了具体措施来开发和推广乡村旅游，利用当地的自然景观和文化特色吸引游客。这包括提升基础设施、增强服务质量和营造独特的旅游体验。例如，开发以农业体验、民俗体验和生态游为主题的旅游产品，不仅让游客深入体验乡村生活，也直接增加了农民的收入并创造了新的就业机会。

此外，政府也鼓励通过现代营销手段推广乡村旅游，例如使用社交媒体和在线旅游平台来吸引国内外游客。这种推广策略大大提升了乡村地区的知名度，使更多的人了解并参与到乡村旅游和文化体验中。

综上所述，通过强化文化传承与发展乡村旅游，中国的乡村振兴战略不仅成功地保存了丰富的文化遗产，还有效地促进了农村经济的多样化发展，为农村居民带来了新的生活方式和经济改善的机会。这些努力显著提升了乡村地区的吸引力和竞争力，为实现全面振兴和可持续发展的目标奠定了坚实基础。

5. 人才引进和科技应用

为了更好地推进乡村振兴，中国政府特别强调了吸引和培养人才以及科技的广泛应用。这一战略得到了《关于深化人才发展体制机制改革的意见》和《乡村振兴战略规划（2018—2022年）》等关键文件的支持，这些文件中明确提出通过教育培训和优惠政策吸引年轻人和专业人士回乡创业，并推广科技在农业中的应用。

政府采取多项措施来吸引和培养农村地区的人才。首先，教育和职业培训项目被大力推广，旨在提升农村劳动力的技能水平和创新能力。例如，设立农业科技教育中心和在线学习平台，提供农业技术、企业管理以及市场营销等课程，这些都是为了帮助农村居民提升自我并适应现代农业发展需求。

此外，为了鼓励高学历人才和专业技术人员回乡创业，政府实施了包括税收减免、创业资金支持、住房补贴等在内的优惠政策。这些政策极大地激发了年轻人的回乡创业热情，同时也吸引了外地专业人士到农村地区投资和开发新项目。

在科技应用方面，推广智能农业和精准农业技术已经成为提升农业生产效率和管理水平的重要手段。政府通过支持研发和引入高效灌溉系统、无人机、卫星定位和农业物联网技术等，大幅提高了作物的产量和质量，同时减少了劳动力需求和生产成本。例如，《国家智能农业发展战略》明确提出了到 2025 年建立完善的智能农业系统，以实现农业生产的自动化和智能化。

这些措施的实施不仅优化了农业生产结构，还提高了农业的可持续发展能力，促进了农村经济的全面发展。通过人才引进和科技应用，乡村振兴战略有效地连接了农业发展与科技创新，确保了农村地区能够在现代化进程中保持竞争力，为实现农业和农村的全面现代化奠定了坚实基础。

第二节　乡村振兴的核心内容

一、乡村振兴战略的核心要素

乡村振兴战略自提出以来，已经成为推进中国农业农村现代化的关键举措。它旨在全面提升农业竞争力、农村宜居水平和农民生活质量，实现农业农村全面振兴。

（一）农业现代化

乡村振兴战略中，推动农业现代化被置于核心位置，这是因为农业是乡村经济的基础，其发展水平直接关系到乡村振兴的整体效果。实现农业现代化的目标，核心在于显著提升农业生产的效率和产品的质量，这一过程涉及多方面的措施和策略。

首先，引进和发展现代农业技术是推动农业现代化的关键。这包括生物技术、信息技术、机械化作业等方面的应用，通过这些高新技术的引入，农业生产能够实现更高的自动化和智能化水平。比如，精准农业技术能够根据作物生长的实际需要精确施肥、灌溉，既提高了资源利用效率，又减少了环境污染。

其次，完善农业支持政策是确保农业现代化稳步推进的保障。这包括财政补贴、贷款支持、保险保障等政策措施，通过这些政策的支持，能够降低农民尝试新技术、新模式的风险，激励农民积极参与农业现代化建设。

再次，优化农产品市场体系对提升农产品的市场竞争力至关重要。这不仅涉及农产品的销售渠道建设，还包括品牌建设、质量监管等方面。通过构建完善的农产品市场体系，可以有效地将农产品质量优势转化为市场竞争优势，提高农民的收益。

通过科技创新，农业生产将逐步实现智能化、精准化，这不仅能够有效提高农业生产效率，减少资源浪费，还能保证农产品的质量和安全，满足市场和消费者的需求。同时，确保国家粮食安全是农业现代化的首要任务，只有实现了农业生产的现代化，才能真正保障国家的粮食安全和食品安全，为国家的经济社会发展提供坚实的基础。

综上所述，乡村振兴的首要任务——推动农业现代化，是一个系统工程，需要政策支持、技术创新和市场引导相结合，共同作用于农业生产的各个环节，最终实现农业的高效、绿色、可持续发展。

（二）农村生态环境保护

乡村振兴战略在推动农业农村发展的同时，特别强调了绿色发展的理念，将农村生态环境保护作为战略实施的重要内容。这一理念体现了对生态文明建设重要性的认识和对可持续发展目标的坚持，旨在通过一系列具体措施和项目，实现农村环境的全面改善和生态平衡的长期维护。

1. 实施退耕还林、河湖治理项目

退耕还林项目是乡村振兴战略中的一项重要生态环境保护措施，通过将部分耕地退耕还林还草，旨在恢复和增加林地面积，改善生态环境，增强土地的水土保持能力。河湖治理项目同样是实现绿色发展的关键，通过综合治理河流和湖泊的污染和生态破坏问题，保护水资源，恢复水生态系统的健康和稳定。

2. 推广垃圾分类和循环利用

垃圾分类项目在乡村振兴战略中同样占据重要位置，它通过引导农村居民进行垃圾分类，促进农村垃圾的资源化、减量化处理。这不仅有助于改善农村环境卫生条件，还能促进垃圾资源的循环利用，减少环境污染。

3. 发展循环农业和生态农业

循环农业和生态农业的发展是乡村振兴战略中推动绿色发展的另一项核心内容。循环农业通过建立农业生产中的物质循环系统，实现资源的高效利用和循环再利用，减少农业生产过程中的资源消耗和环境污染。生态农业则侧重于在农业生产中模拟和恢复自然生态系统的功能，通过多样化种植、有机耕作等方式，提高生态系统的自我调节能力，保障农产品的质量安全。

通过上述措施的实施，乡村振兴战略不仅促进了农村经济的发展，更重要的是引导了

农村向绿色、生态、可持续的方向转变。这些措施有助于建设美丽乡村，恢复和保持农村生态平衡，为农民创造了更加宜居和健康的生活工作环境。长远来看，绿色发展理念的深入实施将为实现农业农村全面振兴奠定坚实的生态基础，对于促进人与自然和谐共生具有重要意义。

（三）农村经济结构调整

乡村振兴战略中，经济结构的调整和优化是其核心要求之一，这不仅关乎农村经济的可持续发展，也直接影响着农民的生活质量和幸福感。为了实现这一目标，战略提出了发展多种形式经济、鼓励产业融合以及创新经营模式等关键措施，旨在通过这些手段提升农业附加值，拓宽农民收入来源，促进农村经济的多元化发展。

1. 发展多种形式的经济

乡村振兴战略强调，农村经济的发展不能单一依赖于传统农业，而应发展多种形式的经济活动。这包括但不限于发展休闲农业、乡村旅游、特色种植养殖等新型农业模式，以及通过加工农产品、发展乡村电商等方式增加农产品的附加值。这种多元化的经济发展模式能够有效提升农村地区的经济活力和自我发展能力。

2. 鼓励和支持农村产业融合发展

产业融合是实现农村经济结构优化的重要途径。乡村振兴战略特别提倡农旅融合、农文融合等模式，通过这种跨界融合，既能够丰富农村的经济形态，也能提升农业和农村的整体品质。例如，农旅融合不仅能增加农民的直接收入，还能带动农村的就业和相关服务业的发展，形成农村经济的新增长点。

3. 创新农村经营模式

为了进一步提升农业和农村经济的竞争力，乡村振兴战略还强调了农村经营模式的创新。这包括发展合作社、家庭农场、农业企业等多种经营主体，鼓励农民参与到现代农业经营中来。同时，通过创新经营方式，比如共享农业、智慧农业等，提升农业生产的智能化、信息化水平，进一步提高农业生产效率和效益。

4. 拓宽农民收入来源

乡村振兴的最终目的是提高农民的生活水平。因此，战略中还包括了通过多渠道拓宽农民收入来源的措施，比如鼓励农民通过参与乡村旅游、农产品加工、农业技术服务等新兴行业来增加收入。同时，通过提供技能培训、创业指导等服务，帮助农民提升个人能力，抓住乡村振兴带来的新机遇。

总而言之，乡村振兴战略中对农村经济结构的调整和优化，旨在通过一系列综合措施，推动农业和农村经济的高质量发展，实现农业强、农村美、农民富的目标。这不仅是对农业农村发展模式的革新，也是对中国农村面貌和农民生活质量的全面提升。

（四）农村文化传承与创新

乡村振兴战略在促进农业和农村经济发展的同时，也高度重视农村文化的传承与创新。这不仅关系到乡村社会的和谐稳定和农民精神世界的丰富多彩，更是实现社会主义文化繁荣发展的重要组成部分。在这一战略指引下，保护和振兴农村文化成为了提升乡村综合实力和吸引力的关键举措。

1. 尊重和保护农村传统文化

农村传统文化是中华民族宝贵的文化遗产，也是乡村社会凝聚力和向心力的重要来源。乡村振兴战略强调要尊重和保护这些传统文化，防止它们在现代化进程中被边缘化或遗忘。这包括对传统节日、民俗活动、传统手工艺等的保护与传承，以及对古建筑、历史遗迹等的修缮与保护。通过这些措施，不仅可以保存农村的文化特色，还能增强农民的文化自信。

2. 挖掘农村文化资源，发展乡土文化产业

农村文化资源是乡村振兴的重要资产。通过挖掘和利用这些资源，可以发展乡土文化产业，如乡村旅游、文化艺术品制作和销售、农耕文化体验等。这些产业不仅能为农民创造新的收入来源，还能提升乡村的文化品位和吸引力，促进农村经济的多元化发展。

3. 引入新的文化元素，丰富农村文化生活

乡村振兴战略同时鼓励引入新的文化元素到农村，以丰富农村的文化生活和提升农民的文化素养。这可以通过建立文化中心、图书馆、互联网文化服务站等方式实现，让农民能够接触到更广泛的文化知识和信息。同时，组织文化艺术演出、讲座、展览等活动，激发农民对文化的兴趣和参与度，提高他们的精神生活质量。

4. 提高农民的文化素养和精神生活质量

乡村振兴战略最终目的是提升农民的生活质量，其中包括物质生活和精神生活两个方面。通过传承和创新农村文化，不仅能够保护和发扬中华民族的优秀传统文化，还能够满足农民对美好精神生活的追求，增强他们的幸福感和满足感。

总之，乡村振兴战略中的文化传承与创新，既是对中华优秀传统文化的尊重和保护，也是对农村社会可持续发展的有力推动。通过这一战略的实施，可以实现农村文化的繁荣

发展，提升农民的文化素养和精神生活水平，为实现农业强、农村美、农民富的目标提供坚实的文化支撑。

（五）农村社会治理创新

乡村振兴战略中，对农村社会治理的改善和创新被赋予了高度重视，这是因为健全的农村社会治理体系是乡村振兴的重要基础，关系到农村社会的稳定、农民权益的保障以及公共服务的有效提供。通过一系列具体措施，乡村振兴战略旨在建立更加民主、法治、和谐的农村社会治理新模式。

1. 建立健全农村基层治理体系

农村基层治理体系的健全性直接影响着农村社会的稳定性和发展活力。乡村振兴战略通过推广法治村建设、鼓励村民自治等形式，致力于构建一个以法治为基础、以民主为核心的农村社会治理结构。法治村建设旨在推动农村治理的法制化、规范化，确保村民的合法权益受到有效保护；而村民自治则通过加强村民自我管理、自我服务、自我教育、自我监督，激发农村社会活力，提升农村社会治理的民主化水平。

2. 增强农村社会治理能力

提升农村社会治理能力是实现乡村振兴的关键。乡村振兴战略通过完善农村法律法规体系、加强农村公共安全体系建设、推动社会组织下乡等多种措施，全方位增强农村社会治理能力。这些措施有助于解决农村地区的矛盾和问题，保障农村社会的稳定和谐。

3. 推进农村公共服务均等化

农村公共服务均等化是提升农民生活质量的重要途径。乡村振兴战略强调，应通过提升农村基础设施建设、改善农村教育、医疗、文化等公共服务体系，确保农民享有与城市居民相同的公共服务。通过实现公共服务的均等化，不仅可以缩小城乡差距，还能促进农民的全面发展和社会的整体进步。

4. 保障农民合法权益

确保农民合法权益得到有效保护是乡村振兴战略的基本要求。这包括加强农村土地权益保护、农民劳动权益保障、农民参与决策的权利等方面。通过完善相关法律法规和制度设计，加大执法力度，确保农民的权益不受侵犯，为农村社会的和谐稳定提供坚实的法治保障。

乡村振兴战略中的农村社会治理改善和创新，体现了对农村综合发展的深刻理解和全面规划。通过这些措施的实施，不仅能够建立起更加公正、有效的农村社会治理体系，还能为农民创造一个更加美好、和谐的生活环境，推动乡村振兴战略的成功实施。

乡村振兴战略是新时代中国特色社会主义的重要组成部分，它涵盖了农业、农村、农民发展的各个方面。通过实施乡村振兴战略，不仅能够推动农业农村现代化，还将为中国特色社会主义现代化建设作出重要贡献。未来，乡村振兴的实践需要各级政府、社会各界及农民群众的共同努力，以实现农业强、农村美、农民富的目标。

三、乡村振兴战略的发展目标

乡村振兴战略作为新时代中国特色社会主义的重要组成部分，对于推动农业现代化、实现农村全面发展以及提升农民生活质量具有深远的意义。它不仅是对农业农村问题的全面回应，更是对"三农"工作方向和方法的一次根本性革新。

（一）农业现代化的加速

乡村振兴战略的实施标志着中国农业发展进入一个新的时代，这个时代特征是农业现代化、高效化和绿色生态化。战略通过全方位、多角度的措施，加速了中国农业从依赖传统耕作方式向现代化农业体系的转变，这一转变对于提升国家的食品安全保障水平、促进农村经济的可持续发展具有重要意义。总之，乡村振兴战略的实施，通过推动农业现代化、发展智慧农业、推广绿色生态种植方法等措施，不仅为中国农业的可持续发展奠定了坚实的基础，也为广大农民提供了增收的新机会，是实现农业强、农村美、农民富战略目标的重要保障。

（二）农村结构的优化

乡村振兴战略作为新时代推动中国农村全面发展的核心举措，重点放在了农村结构的优化和调整上，旨在通过综合措施实现农业与农村的现代化。这一战略的实施不仅关乎农业生产效率的提升，更涉及农村社会经济结构的全面升级和改革，体现了对农村综合发展的深度关注和全面规划。

乡村振兴战略通过鼓励和支持发展多元化的经济活动，极大地丰富了农村经济的内涵和外延。乡村旅游的兴起，利用农村自然景观和文化资源，吸引城市居民体验农村生活，成为农民增收的重要途径之一。特色农产品开发，则依托地方特色资源，通过品牌化、市场化的运作，提高了农产品的市场竞争力，促进了农民收入的增加。这些活动的发展，有效打破了传统农业生产的局限，开启了农村经济发展的新路径。

战略中对农村基础设施和公共服务的改善，直接提升了农村的宜居水平和居民的生活质量。水利设施的完善保障了农业生产的灌溉需求，减少了自然灾害的影响；交通设施的改善，加强了农村与外界的联系，便利了农产品的运输和销售；教育和医疗服务的提升，保障了农村居民的基本权益，促进了社会公平。这些改善措施为农村的可持续发展奠定了坚实基础。

乡村振兴战略还着眼于农业生产方式的转型升级，通过推行农村土地流转和适度规模经营，促进了农村土地资源的有效利用。土地流转使得农业生产能够集中到具备规模经营能力的农户或农业企业手中，实现了生产效率的提升和成本的降低。适度规模经营的推广，进一步激发了农业生产的活力，提升了农业的市场竞争力，为农村经济的持续健康发展提供了动力。

总之，乡村振兴战略通过对农村经济结构的优化调整，不仅促进了农业生产方式的现代化，而且大幅提升了农村的生活和环境质量，推动了农村社会经济的全面发展。这一战略的成功实施，将为实现农业强、农村美、农民富的目标奠定坚实的基础，为中国特色社会主义农村现代化贡献力量。

（三）农民福祉的全面提升

乡村振兴战略作为新时代中国农村发展的指导方针，特别强调了农民福祉的全面提升，这不仅是对农民生活质量改善的直接关照，也是推进社会公平与和谐的重要体现。通过综合性的措施，战略旨在构建一个更加公正、富裕、和谐的农村社会环境，确保农民能够共享改革开放和社会主义现代化建设的成果。

乡村振兴战略通过发展多样化的农村经济活动，拓宽农民增收的渠道。这包括但不限于推动农产品深加工、发展农村特色产业、支持农民参与电商等新型业态。通过提升农业生产效率和农产品附加值，以及开辟更广阔的市场，农民的收入得到了实质性的增长。

随着农村产业结构的调整和乡村旅游、乡村电商等新兴产业的兴起，乡村振兴战略为农民提供了更多的就业和创业机会。特别是对于返乡农民工，政策通过创业扶持、技能培训等措施，鼓励和支持他们在家乡就业创业，为农村经济注入新的活力。

住房条件的改善是提升农民生活质量的关键一环。乡村振兴战略中，通过实施农村危房改造、新型农村社区建设等项目，确保农民住有所居。这些措施不仅改善了农村的居住环境，也促进了农村社会的稳定和谐。

乡村振兴战略注重提升农民的精神文化生活，通过建设文化广场、图书室、开展各类文化活动等方式，丰富农民的业余生活，提高农民的文化素质和生活满意度。这种文化的繁荣发展，增强了农村的凝聚力和吸引力，促进了农村文明进步。

通过精准扶贫、农村养老保险和医疗保障等政策，乡村振兴战略有效解决了农民的后顾之忧，确保了农民能够安心工作和生活。这些政策的实施，极大地提高了农民的社会保障水平，使得农民能够更加有尊严地享受到国家发展的成果。

乡村振兴战略对"三农"工作的影响是全面而深远的。它不仅推动了农业的现代化，优化了农村的社会经济结构，还显著提升了农民的生活水平和福祉。这一战略的成功实施，对于实现农业强、农村美、农民富的目标，推动社会主义农村全面进步和全面发展，具有重要的现实意义和深远的历史意义。随着乡村振兴战略的深入推进，相信中国的"三农"问题将得到更加有效的解决，为构建社会主义现代化国家奠定坚实的基础。

第三节　乡村振兴战略的国家政策支持

自 2017 年起，习近平总书记精心绘制了乡村振兴的战略蓝图。党的十九大报告中，历史性地明确提出要"坚持农业农村优先发展"的战略指导原则，2018 年中央一号文件进一步强调将其作为工作的基本原则，并于 2019 年对该总方针进行了系统的、全面的规划部署。到了党的十九届五中全会，再次强调了农业农村的优先发展地位，并推动乡村振兴的全面进展。习近平总书记针对"农业农村优先发展"的系列深刻论述，不仅涵盖了丰富的内涵和远大的意图，而且提出了一系列在新时代解决农业、农村问题的新策略、新方法和新思维。2020 年，《乡村振兴促进法（草案）》的发布，是对党解决农业、农村问题思想的集中展现，展示了理念的持续深化和发展路径的清晰规划。如同建筑需要坚固的"支柱"来维持，"大厦"般的发展理念也需要由具体的制度安排来支撑。为了有效地推进"农业农村优先发展"的总方针，不仅需要制定一系列具体的制度安排，还必须与国家治理体系现代化的发展趋势相适应，结合中国的具体国情来完善制度设计、创新制度供给，打造既优越又可行的制度框架。关注制度执行的关键环节，为乡村振兴的持续推进提供稳固的制度基础。

一、制度生成：立足中国实际进行制度选择

在中国特色社会主义制度框架内，针对农业和农村优先发展策略的制度构建，基于中国的具体国情和历史发展的自然逻辑，确保了这一制度安排的显著优势和生命力。这种制度设计和实施的成功，是中国共产党绘制中国特色社会主义蓝图、并创造经济社会治理

"两大奇迹"的关键经验和遵循原则。习近平总书记强调，中国特色社会主义制度，坚持把根本政治制度、基本政治制度同基本经济制度以及各方面体制机制等具体制度有机结合起来，坚持把国家层面民主制度同基层民主制度有机结合起来，坚持把党的领导、人民当家作主、依法治国有机结合起来，符合我国国情，集中体现了中国特色社会主义的特点和优势，是中国发展进步的根本制度保障。[①] 这一观点清晰地指出，衡量制度优劣的标准在于该制度是否深植于国家国情的肥沃土壤之中、是否能够满足生产力发展的实际需要。因此，为了响应发展的趋势、符合时代的需求，并紧贴农村的具体实际，针对农业和农村优先发展的制度构建显得尤为重要，它是基于中国农业的实际情况和社会发展规律进行的高层次规划和设计。

（一）注重历史传承

在构建以农业和农村为重点的发展策略中，深厚的历史底蕴和农民的强烈愿望起着决定性作用。中国共产党的历史观念，始终坚持以人民意志为导向，强调社会和历史发展方向应当由人民群众的意愿决定。不论是从党的历史、国家历史，还是改革开放的历史角度审视，广大农村地区和亿万农民始终走在时代的前沿，为党和国家的发展事业注入前进的动力。党在不同历史时期，如土地革命、解放战争或是脱贫攻坚战中，总是紧密联系农民群众的愿望进行斗争。从国家的历史来看，中国从一个贫穷落后的国家发展成为世界第二大经济体的背后，是无数农民在特定政策下的默默付出和无数农民工的辛勤劳动。改革开放的历程中，小岗村的家庭联产承包责任制标志着中国改革的重大转折，以农民自身的创新促进了中国发展路径的历史性变革，拉开了改革开放的壮丽大幕。乡镇企业的崛起、农民生活水平的显著提升，以及农民摆脱传统生产方式和负担的历史，均昭示着新时代农民生活的巨大变革。在新时代的背景下，农村的面貌已全然更新，亿万农民紧密团结在党的领导下，奋力前行。面对脱贫攻坚的胜利和绝对贫困的即将消除，农民渴望实现城乡人才、技术和资本的有效流动，共同追求富裕的生活。农村土地的"三权分置"体现了农民在实践中的自我创新和突破，旨在推动农业和农村的进一步发展。目前，构建农业和农村优先发展的体系，正是迎合农民对美好生活的期望，弥补从"以农养工"到"以工养农"转变过程中的不足，尊重并满足农民的发展愿望的必要措施。

---

① 《紧紧围绕坚持和发展中国特色社会主义学习宣传贯彻党的十八大精神》（2012 年 11 月 17 日），《十八大以来重要文献选编》（上），北京：中央文献出版社，2014，第 75 页

（二）把握政治方向

关于把握政治方向这一点，重视农村发展是对之前发展道路的科学概括，也是中国共产党一直以来的政治经验和政治原则。自党的成立起，每一届领导班子都把农业和农村的发展视为重大的工作重心，并在不同阶段推出了一系列旨在巩固农业、富裕农民和发展农村的政策和措施。尽管这些政策的表述形式各不相同，但其背后贯穿的是一致的农业和农村优先发展的理念。在新民主主义革命时期，毛泽东同志率先在井冈山建立农村革命根据地，走上了以农村包围城市、武装夺取政权的革命新路。此后，农村便成为党的工作重点和中国革命的战略基地。1934年，毛泽东同志就已经明确指出，农业生产是经济建设中的首要任务。认识到农业生产的良好发展是解决根据地发展和生存问题的关键。在社会主义建设时期，毛泽东同志多次强调农业发展的重要性，提出农业是重工业发展的基石，强调了农业对国家总体发展的基础作用。农业生产不只是人民生活和社会稳定的基础，还关系到国家的安全和国防的坚固。改革开放伊始，以小岗村为代表的农村地区成为改革的先行者，邓小平同志大力推动家庭联产承包责任制，这一制度变革不仅是农村改革的起点，也为中国特色社会主义农业发展奠定了基础。邓小平同志亦强调农业的根本地位，明确提出在发展过程中应始终把农业放在优先位置。自党的十九届四中全会以来，制度建设成为国家治理的核心内容，通过制度创新推进农业和农村优先发展，既体现了党的长期政治传统，也符合推动国家治理体系现代化的当前要求。

（三）着眼现实要求

确立农业和农村发展的优先策略，是适应构建社会主义现代化国家的迫切需求。随着党的十九届五中全会的召开，中国已经踏上全面建设社会主义现代化国家的崭新征途。然而，"农业基础尚未牢固"依旧是国家面临的一项深层次而复杂的挑战。在党的十八大和十九大报告中，习近平总书记重申了坚持工业化、信息化、城镇化、农业现代化"四化"同步发展的重要性，并明确指出：没有农业和农村的现代化，国家的现代化就无从谈起。尽管我国在农业和农村发展方面已取得一系列进步，但农业现代化的发展速度仍远远跟不上城镇化、工业化和信息化的步伐。如今，"三农"问题已成为实现"中国梦"的主要障碍和约束因素。农产品在质量和结构上存在短缺，农村劳动力面临结构性失业，农业生产的组织化水平低下，生产和经营方式陈旧。这些问题导致我国在农业竞争力方面远不及欧美等发达国家，自2004年以来，我国农产品国际贸易持续出现逆差，并呈扩大趋势，

2023 年的逆差已扩大至 1351.8 亿美元①。在城乡二元结构的背景下，优质的医疗、教育资源及就业机会大量向大城市集中。农民融入城市生活频频受阻，农民工成为城市的"边缘人"，未能充分享受城市化带来的红利。农村地区的发展也不平衡，2022 年北京海淀镇的集体经济收入高达 10.58② 亿元，而全国平均水平仅为 220 万元，不到海淀的百分之一。农村面临老龄化、空心化问题，相对贫困问题仍然显著。"三农"问题已成为制约我国实现社会主义现代化强国目标的战略性和全局性问题。将"短板"转化为"潜力板"，需要在体制机制层面进行创新，利用制度的长期作用和根本影响力来推动改革。

二、制度构建：将"四个优先"落实到具体制度设计

实施"四个优先"战略要求，直接关系到"农业农村优先发展"战略制度框架的形成与实施。2019 年发布的中央一号文件强调，为了全面贯彻农业农村优先发展的总方针，必须坚定不移地执行"四个优先"策略，即在"三农"干部配备上给予优先考虑、在"三农"发展资源配置上予以优先满足、在"三农"资金投入上实现优先保障、在农村公共服务的安排上优先考量。"四个优先"凸显了面向问题的、目标的和成果的统一，其核心在于解决人才、资源、资金和公共服务的缺乏问题；弥补这些短板，旨在通过党的乡村振兴战略指引，促进动力和活力的提升；我们的努力旨在确保发展成果覆盖更广阔的农村区域，惠及更多的农民群众。这三个方面如同事物的多维面相，相互关联、相互支撑，为"农业农村优先发展"制度的构建指明了方向。

（一）建立农村人才优先发展制度

建立面向农村人才的优先发展制度，是促进农业农村优先发展战略的关键因素。改革开放以来，随着城市化进程的加速，农民纷纷离开土地，迁往城市，农村地区面临人才流失、老龄化严重等问题，出现了选配"党支部书记"和发展"青年党员"的难题。然而，"城市化"绝不应以牺牲乡村的繁荣为代价。乡村振兴的首要活力来源于人才的参与与创新。首先，建立面向乡村人才的激励制度，以广阔的发展空间吸引有志青年，充分释放人才的潜力与创造力；通过提供充足的薪酬待遇、晋升机会及社会保障等，增强农业人才的

---

① 2023 年中国农产品贸易概况［EB\OL］. 中国农业国际合作促进会：https：//mp. weixin. qq. com/s?＿biz＝MzI1NTE1MDQ3OA＝＝&mid＝2652317080&idx＝7&sn＝6c14d566721b578469ca65289aace420&chksm＝f0570e2672404ec7bccdcab59187625536265f0301d4a298c68cea3dbfe129f6ffeb8bfa83a5&scene＝27

② 海淀镇 2023 年政府工作报告［EB\OL］. 北京海淀区人民政府：https：//zyk. bjhd. gov. cn/jbdt/auto4557_51853/auto4557_57807/auto4557_57837/202304/t20230418_4597578_hd. shtml

获得感。其次，制定留住人才的体系和机制，积极吸纳"新乡贤"参与乡村治理，用乡愁和归属感留住人才，鼓励农村专业技术人才通过专业知识获得合理的额外报酬，同时解决其家庭生活中的实际问题。再次，建设乡村人才队伍需要适应资本下乡的趋势，既要"增量"培育农业新型人才，包括那些精通运营、市场和管理的新型农业经理人，有效管理新型农业经营实体；也要培养土地经纪人，优化农村土地流转，以及农房设计师和建筑师，推动农村文化旅游发展；同时"激活存量"，通过选拔人才到发达地区交流学习、实地锻炼等形式的培训机制，为农业和农村发展提供坚实的人才支撑。

（二）建立农村要素优先配置制度

在 2020 年 4 月，由中共中央、国务院共同发布的《关于构建更加完善的要素市场化配置体制机制的意见》中，明确提出了促进土地、劳动力、资本、技术和数据五大要素自由流动的重要指导方针。此份关键性文件为确立以农村资源优先配置为原则的制度提供了明确的指引。农村的发展，依赖于如水、空气、阳光等生命要素的充足供给。尽管我国农村并不缺乏资产，土地等资源却往往未能充分发挥其潜在价值，特别是与城市土地资源相比，农村土地在激活市场要素方面显得尤为迫切。因此，不断完善"三权分置"制度供给，创新土地流转方式，注入资本、技术、人才等关键要素，提升土地价值，促进资本密集型、技术密集型现代农业的建设，是确立促进农民增收体系机制的基础。同时，增加资本投入并非单纯为了"资本下乡"的目的，其核心在于更有效地维护农民的土地权益。既要加强农地用途管理，避免农地被非农化利用，又需保护土地肥力，防止过度开发。同时，既要适应劳动力向城市流动的趋势，又要鼓励农村劳动力在农村发展，振兴农业和农村。建立技术下乡的激励机制，吸引高校学者、技术专家和政府官员以技术合作的形式，与农民共同发展，是十分必要的。此外，发展农村数字经济体系，提升农村互联网普及率，减少信息不对称，将大数据和人工智能技术融入农村治理中，为农村治理和农产品贸易提供精确、及时的数据支持，同时确保农民和企业数据的安全，防止数据滥用。

（三）建立资金优先保障农村制度

确立资金在农村发展中的优先保障地位，构成了农业农村优先发展战略的物质基础。缺乏资金支持将使得农业农村发展战略难以从理论走向实践。面对农村缺乏有效的征信系统、农民收入不稳定、缺乏可靠抵押物等现实挑战，传统金融机构逐渐退出农村市场，留下的仅有开展基础业务的农村信用社和邮政储蓄银行。然而，随着农村家庭收入多元化、农村经济结构调整、农业规模化经营，农村金融形势逐渐向好。这不仅需要依赖政府的财政支持和政策引导，还需充分利用市场机制。政府财政应发挥其杠杆作用，吸引更多民间和社会资本投向农业农村领域。一方面，应建立金融支持农业产业发展的机制，利用"互联网+金融"模式，通过大数据构建信用模型，为农业小微企业提供网络融资服务，同时推进农业产业结构的供给侧改革。另一方面，创新金融服务农村旅游产业链的产品和信贷模式，将农村的生态资源优势转化为经济增长点。此外，优先支持以乡风文明建设为典范的村庄，通过提升农民的金融知识和防范意识，打击金融诈骗等违法行为，构建健康的金融环境。同时，将金融信贷规则意识融入乡村治理体系，指导农民依法经营。最后，增加对农业企业的金融支持，促进农民通过创业返乡、稳步增收。

确立农村公共服务的优先安排机制是加快农业和农村优先发展战略的关键措施之一，其目的在于缩小城乡在基本公共服务享有上的差距，实现服务的均等化。户籍制度作为形成城乡二元结构的根本框架，限制了人口在城乡之间的自由流动，同时也成为了影响农村居民在教育、医疗、养老、住房等多个方面享有公共服务的重大障碍。虽然近年来对户籍制度进行的改革取得了一定成效，但仍然存在制约公共服务均衡发展的显著问题。因此，深化户籍制度改革，消除与户籍挂钩的社会福利，是缩减城乡公共服务差距、使农村能够享受到城市化发展成果的前提。此外，加大对农村基础设施和公共服务设施的建设力度，为促进农村产业发展、有效乡村治理、乡风文明建设提供必要的物质基础和支撑平台，对提高农民的满意度和幸福感至关重要。接着，实现城乡公共服务体系的一体化发展至关重要。教育和医疗作为保障人民基本生活权益的核心条件，不仅应与城乡保持一致性，而且应优先考虑农村地区的需求。建立完善的乡村教师培训、流动和补充体系，加强农村师资队伍建设，促进农村职业教育的发展，以满足产业振兴对人才的需求；针对贫困和老年人群体，动员社会资源，完善农村养老服务，应对我国农村加速老龄化的现状。农村医疗基础薄弱，在面对新型冠状病毒性肺炎疫情等突发公共卫生事件时显得尤为脆弱。政府应当增强财政投入，加强乡镇医院的建设，提升农村医疗设备配置，将农村医护人员纳入正式的人事管理体系，改善其工资福利条件。同时，鼓励城市医护人员定期到农村提供医疗服务，为他们在职称评定和职务晋升上提供优先权。

三、制度优势：坚持根本制度发扬制度优势

构筑以农业和农村为重点的发展战略，是对中国特色社会主义体制架构的进一步丰富和完善。自党的十八大起，习近平总书记推出众多改革措施，致力解决体制深层问题，促进我国体制架构更加完善，体制运作更加流畅。党的十九届四中全会对中国特色社会主义

体制进行了系统概述，并强调了其中十三方面的突出优势，展示了中国特色社会主义体制不断自我完善、自我发展的强大能力，这正是其具备强劲生命力的核心所在。这些体制的概念和框架是对党引领中国特色社会主义事业各项工作规律的总结，其中包括领导"三农"工作的经验总结。要搭建农业和农村优先发展的体制框架，便需坚守和发扬我国的国家制度，最大限度地利用体制优势，为乡村治理及解决"三农"问题提供坚实的保障和支持。

（一）坚持党的领导

坚守党领导"三农"工作的原则，是中国共产党体制优势和优良传统的体现。中国共产党是历史进程中的主导力量。坚持党的集中统一领导，是我国根本的领导体制，也是中国特色社会主义体制最大的优势。中国共产党引领下的百年历程已经充分证明了党的领导与农业及农村发展之间的紧密联系。只有农村的基层党组织战斗力强、党的领导坚定有力，农村才能繁荣昌盛，农业才能持续发展。2019 年，《中国共产党农村工作条例》的颁布，将党对"三农"工作的领导具体化为详细的规章制度，这是支撑农业农村优先发展战略的根本保障。要持续激发体制的活力，必须不断加强农村基层党组织的建设，加大党对"三农"工作的领导力度。政治建设作为核心，各级党委领导需要增强政治敏感性，承担起"第一责任人"的职责，建立从省到市、县、乡、村五级党委领导共同推进"三农"问题解决的体制，坚定不移加强对农村各类组织的领导。思想建设是基础，通过创新"三会一课"的学习方式，用马克思主义立场观点方法解决农村中存在的各种错误观念。组织建设作为重点，既要选拔能引领农村致富的党支部书记，又要强化基层党员队伍的建设，发挥党组织的核心作用。作风建设是突破口，管理好基层"微腐败"，创造清新的政治生态，提升领导水平。创新纪律建设方式，针对农村党员数量多、分布广、流动性强、难以集中的特点，可采取"结对子"等方式，完善网络教育系统，拉近时空距离。

维护马克思主义在"三农"问题上的指导性地位，利用马克思主义原理解决农业、农村发展的问题，构成了中国共产党在体制构建上的独特优势。党的十九届四中全会明确了坚守马克思主义在思想意识领域的指导地位作为一项基本制度。为农业和农村发展优先制定制度框架，意味着要通过有效的法规和政策强化思想上的基础建设，确保全党对我国农业和农村现状有清晰的认识，共同遵循农业和农村优先发展的原则，通过统一的认识和意志凝聚起加强"三农"领域发展的巨大动力。应当深入了解当前国家的实际情况，依据马克思关于生产力与生产关系、经济基础与上层建筑相互作用的理论，不断地优化和发展针对农业生产力提升的政策体系。新中国成立初期，依据马克思、恩格斯有关土地国有化的观点，确立了农村土地集体所有制，这成为了农业和农村优先发展策略的根本支柱，是不可动摇的基础。人民公社运动将马克思、恩格斯有关农业合作社的理念付诸实践，尽管该运动未能成功，但这并不意味着农业合作社理念的过时。当生产力达到一定水平时，应适时推出旨在鼓励农民参与农业合作社的政策框架。在当前"三权分置"的背景下，应深刻理解并应用马克思的地租理论，确保农民的土地权益得到充分保护。同时，应避免简单模仿马克思主义经典作家对"三农"问题的具体观点。农村基层党支部应认真学习习近平总书记关于"三农"工作的重要论述，加强对这些论述的学习和理解，把握其中的政治立场和科学方法，用以教育和武装农民，改变他们固有的小农思想，从而让农业和农村优先发展的制度获得农民的广泛认可和支持。

（三）坚持"全国一盘棋"发展战略

贯彻"全国一盘棋"的发展战略，集中资源解决重大问题，是促进农业和农村优先发展战略的体制优势之一。这一战略优势是在党的十九届四中全会中提出，展示了中国特色社会主义体制的独特优势。自新中国成立至今，我国资源配置长期优先考虑工业需求，这种偏向性导致农村发展动力不足。实施"农业农村优先发展"的策略标志着我国发展观念的重大转变，即从"以农养工"到"以工补农"，确保全国各类资源在第一时间内优先满足农业、农村及农民的需要。资源是有限的，但在我国综合国力显著增强的新时代背景下，中国特色社会主义体制有足够的能力整合各类农业资源，为"农业农村优先发展"提供坚实的支持。这种集中资源办大事的能力是中国特色社会主义体制的独有特点，是西方政治体制难以匹敌的优势。依据马克思主义的科学理论和矛盾分析法，解决"三农"问题是我党推动社会主义现代化建设的内在要求，要集中力量克服"三农"领域的短板，为社会主义现代化建设铲除障碍。中国共产党的坚强领导，确保了全国上下能够心往一处想、劲往一处使，团结一心解决难题。我国以公有制为主体的经济体制，确保了国民经济的重要命脉掌握在国家手中，国有企业作为经济的支柱，为其提供稳定的物资支撑。通过东部地区支持西部、工业反哺农业、城市辅助农村、先富帮助后富的政策指导，实现资源和政策的有力倾斜，向农村地区提供更优质的教育、医疗和文化资源，充分展现了社会主义制度集中力量办大事的显著优势。

四、制度执行：将制度优势转换为实践效能

制度的活力源自其实施。建立以农业和农村为重心的发展制度，正逢其时，规划已经

明确，优势已经展现，向前迈进的步伐恰到好处。只有通过执行，制度的优势才能真正体现其价值。我们必须吸取和借鉴过往在制度执行方面的成功经验和做法，持续优化和改善农业和农村发展优先的制度框架，为乡村振兴的宏伟规划绘制出广大农村的绚丽图景。无论多么完善的制度设计，若无法实际落实并产生成效，那么这些制度规划将不过是纸上谈兵，其实践效果将成为幻影。因此，必须坚实推动制度的执行，释放制度潜能，提升治理效率，同时在巩固制度信心的基础上，为乡村振兴的实施提供坚实的支持。这一过程牵扯到制度背后的价值导向、各方对制度的理解与贯彻执行，需要坚持以下三个核心原则，防止在制度实施过程中发生偏移。

在实施农业和农村发展优先的制度框架时，务必贯彻以人民为本的价值导向。农民既是推动农业和农村优先发展的核心力量，也是评价发展成效、享受发展成果的主体。农业和农村优先发展的政策设计，标志着农村从数量增长到质量提升的历史性跨越。只有在保障农民权益的制度制定和执行的每个阶段、整个过程中得到充分体现，广大农民才能与这一变革紧密结合，进而获得最广泛的农民群众的认同和支持。首先，要坚守群众立场，尊重农民的主体性。虽然各地农村状况各异，但农民群众的主体地位是恒定的。无论是引进外资还是发展农业合作社，每个农村地区的发展方向应由当地农民共同决策。需致力于满足农民的需求，提升农民的收入水平，改善农村生活环境，构建让农民"能看山、看水、留住乡愁"的美丽乡村，不断满足农民对美好生活的追求。其次，要实践群众路线，汇聚农民的智慧和力量。通过激活农民智慧，加强农民的思想教育，利用村民大会、"一事一议"制度、电话访问、家访等方式，唤醒农民的主体意识，确保党组织领导下的村民自治充满生机。顺应农民意愿，认真听取农民意见和建议，按照农民的期待来策划实施政策，充分发挥农民的主观能动性，政府及其官员不应仓促决策。再次，要警惕官僚主义和形式主义，避免单纯追求乡村产业化规模而忽视农村脆弱群体的就业问题和破坏农村生态环境。着力解决农村改革中损害农民权益、阻碍农业发展、影响乡村和谐的问题，切实维护好农民的基本利益。

（二）坚持顶层设计与分层对接辩证统一的政策取向

贯彻农业和农村发展优先的制度体系和框架，需紧扣顶层设计并实现与地方层面的有效对接，保持制度的统一与地方实际情况的灵活适应相结合的策略。制度的构建和完善需贯彻"四个优先"的核心理念，在党中央统一指导下，立足长期目标同时关注眼前需求，既聚焦关键领域又推动全面进步，避免牺牲原则性以追求灵活性。确保"四个优先"在制度体系中彼此紧密连贯，保障农业和农村各项工作全面落实。另一面，确立的制度框架下，应赋予各地区一定的自主权，依据地方特色进行制度的具体实施，避免过度统一化限制地方的创新能力。鉴于我国广阔的地理范围和多样化的条件，各地农村在历史背景、自然环境及发展水平上存在显著差异。在坚持总体农业和农村发展方针的同时，应灵活处理各地差异，发挥地方政府的主导作用，实施精准策略，因势利导。鼓励各地探索适合本地实际的发展路径，制定相应的支持措施，避免一成不变的模式，防止形式主义。尊重经济发展的自然规律，根据现阶段的经济条件进行适当布局，避免不符合实际的强制推进，以免适得其反。优先关注和支持经济相对落后地区的农村和农民，防止农村地区间的发展不平衡。通过各项制度的有机结合，确保农业和农村发展优先策略既能全面考虑，又能贴近实际，有效发挥制度的实践效力。

（三）坚持城乡融合发展的战略取向

贯彻农业和农村优先发展政策的实际成效，需要明确城市化、乡村振兴与城乡融合发展间的相互关系。这两方面都是城乡一体化发展战略的关键组成，要同步推进城市化进程和农业及农村现代化。城乡一体化是"融合而保持特色"的发展策略。一方面，推进城市化与农业、农村现代化是实现社会主义现代国家目标的必经途径，要保持二者的同步发展，避免片面倾斜。不论是城市化水平较低或农村农业衰退，都无法代表真正的现代化。另一方面，城市与农村各自承担不同的功能和角色，宛如人体的四肢五官，不可互换。农村是城市发展的根基，是粮食安全和生态环境的保障。农耕文明是中华民族的根，农村是承载中华文化的基地。推进农业和农村优先发展至某一阶段，应维持农村与城市的文化多样性。在我国城市化程度较高的背景下，建立农业和农村优先发展制度，应着力完善城乡间的制度通道，借助城市化进程推动农业和农村的现代化，实现各领域在空间上的均衡共生。市场机制在资源配置中极为高效，在执行农业和农村优先发展政策时，应充分利用市场力量。政府可以设立"负面清单"，在规定范围内鼓励资源在城乡间自由流动。城乡融合的核心是以人为本，既推动农民向城市融合，也支持城市居民参与农村发展的"逆向城市化"。当前，许多农民在城市与农村间徘徊，属于半城市化状态。核心工作是做好农村整合、村庄改造工作，同时，随着乡村治理体系的变革，应及时更新社会治理模式，通过农业和农村的优先发展不断推进城乡一体化进程。

第二章　乡村文化的现状与挑战

在快速的现代化进程中，乡村文化面临着前所未有的挑战和机遇。随着经济全球化和城市化的加速，乡村地区的文化景观也经历了深刻的变化。这些变化不仅表现在生活方式和经济结构的转型上，还体现在乡村社会价值观和文化传统的演变中。这种开放性为乡村文化带来了丰富的资源，使其有机会与外界的多样文化互动，吸收新的艺术形式和思想观念。然而，这种快速的文化融合也可能导致原有文化的稀释，尤其是那些小规模和较少人口的乡村社区，它们的传统文化和习俗可能在不断的外来影响中逐渐消失。

第一节　当前乡村文化的现状

在新时代背景下，随着乡村振兴战略的提升为国家级战略，中国乡村文化展现出新的发展趋势和格局。这一战略不仅促进了乡风民风的积极转变，还显著提升了乡村居民的文化获得感。通过一系列政策和措施，传统文化的保护和活化利用取得了显著成效，为乡村文化的传承与发展奠定了坚实的基础。

然而，乡村文化的发展同时面临着多方面的挑战。首先，区域发展的不平衡导致一些地区的文化活动和设施相对落后，缺乏足够的支持和资源。此外，部分乡村地区的文化自信不足，对本地传统文化的认同感和自豪感有待提高。在传统文化资源的保护方面，尽管已有一些进展，但整体力度和效果仍需加强。同时，乡村居民在文化活动选择上的空间较小，文化事业的管理和服务人员不足也成为制约文化发展的瓶颈之一。

一、我国乡村文化发展的成就

我国乡村文化建设已经取得了多方面的显著成果，这些成就为乡村文化的持续发展提供了坚实的基础。主要成就表现在以下三个方面：

（一）加强乡村文化发展的顶层设计

自 21 世纪初以来，党和国家高度重视"三农"工作，将支持和发展农村区域定为优先发展战略。政策重点从简单的经济支持转变为更全面的城市支援农村及工业反哺农业模式，确保农民在社会发展中享有平等权利，显著提高了他们的生活质量。这种政策转变为乡村文化的兴盛提供了前所未有的机会，使其发展迈向了一个新的历史阶段。

2005 年 11 月，中共中央办公厅和国务院办公厅联合发布《关于进一步加强农村文化建设的意见》，这一文件不仅将乡村文化发展提升到了国家战略层面，还明确了加强农村文化建设的指导思想、基本原则和主要任务，为乡村文化的系统发展提供了政策支持和行动指南。

进入新时代，特别是在党的十九大报告中，乡村振兴战略被明确提出，并将"乡风文明"列为其五大支柱之一，标志着对乡村文化重要性的再认识。这一战略的提出，不仅为乡村文化的发展提供了战略导向，也强调了文化振兴在整个乡村振兴过程中的核心地位。

2018 年发布的中央一号文件《中共中央国务院关于实施乡村振兴战略的意见》进一步明确了乡村文化振兴的目标，即"繁荣兴盛农村文化，焕发乡风文明新气象"。这一文件强调了文化振兴在推动社会主义农村经济、政治、社会、文化、生态文明建设中的重要作用，并提出了实现这一目标的具体措施。

习近平总书记在 2018 年 3 月参加山东代表团审议时的讲话，进一步强调了乡村文化振兴的重要性。他指出，乡村文化振兴应当通过挖掘和传承优秀的传统农耕文化，培育乡土人才，弘扬社会正气，从而改善农民的精神风貌，提升乡村社会的整体文明程度。

同年 9 月发布的《乡村振兴战略规划（2018—2022 年）》再次重申，实施乡村振兴战略是传承和发展中华优秀传统文化的有效途径。文件中指出，中华文明植根于农耕文化，而乡村则是这一文明的基本载体，强调了乡村在中华文化传承中的基础性作用。

通过这些政策和战略规划的实施，乡村文化得到了前所未有的发展机遇，为全面实施乡村振兴战略，推动经济社会发展和文化繁荣兴盛开辟了新的道路。

（二）基层公共文化体系进一步完善

为了推动乡村振兴战略，中国坚持以"公益性、基本性、均等性和便利性"为核心原则，大力推进农村"十里文化圈"的建设。根据最新数据，截至 2022 年 6 月，全国已建成 57 万个基层综合性文化服务中心，这些中心的覆盖率已经超过 95%，有效地为广大农村地区提供了基本的文化服务①。此外，达到 2237 个县（市、区）已实现图书馆总分馆制的全覆盖，而 2311 个县（市、区）建立了文化馆总分馆制，确保了文化资源的均衡分

---

① 文化和旅游部：基层综合性文化服务中心基本实现全覆盖［EB \ OL］. 光明网：https：// m. gmw. cn/baijia/ 2022-02/09/35505313. html

布和便捷获取。

这些文化设施，包括公共图书馆、文化馆（站）、公共博物馆和公共美术馆等，均继续对公众免费开放，极大地促进了文化的普及和文化消费的增加。政府还定期组织"送戏下乡"、"送图书下乡"和农村公益电影放映等活动，每年大约有 8 万场以戏曲为主的演出通过政府购买服务的方式在乡村地区举行，这不仅丰富了农民的精神文化生活，也增强了农村地区的文化自信。

至 2023 年底，全国农家书屋数量已达到 58.7 万家，向农村配送的图书量突破 12 亿册，农民人均图书拥有量从项目实施前的 0.13 册增长到现在的 2.17 册[①]。这一显著增长反映了中国对农村文化建设的重视和投入，有效提升了公共文化服务水平，极大地丰富了乡村居民的文化生活并拓宽了他们的视野。

政府持续推动这些文化惠民设施的建设和改善，以确保所有乡村居民都能享受到高质量的文化服务。这些努力是为了进一步提高乡村文化服务的广泛性和可达性，确保文化服务的持续改进和优化，从而全面提升农村居民的生活质量和文化享受。

（三）乡村旅游等业态给乡村注入新活力

文化遗产如文物古迹、传统村落、民族村寨、传统建筑、农业遗迹、灌溉工程遗产以及农村地区的优秀戏曲和曲艺、少数民族文化、民间文化等均得到了有效的保护与传承。通过完善非物质文化遗产的保护制度，中国已致力于继承和弘扬这些无形的文化财富。

在国家层面，与省、市级政府的协同作用下，中国积极推进历史文化名镇名村、传统村落、非物质文化遗产等的评比与认定。例如，至今已经成功开展了七批国家历史文化名镇名村评选，共评出 799 个国家历史文化名镇名村。这些评选不仅是文化保护的一部分，也为后续的文化和旅游融合发展奠定了基础。

基于这一基础，乡村旅游业态得到了创新和发展，形成了以传统古村落、古建筑等为核心的综合保护和活化的乡村特色文化旅游开发模式。国家还评选出了 1000 个国家级乡村旅游重点村，并在节假日期间推出了一系列精品乡村旅游线路。这一系列活动促进了乡村旅游的繁荣发展，不仅满足了城市居民对乡愁的情感需求，还显著拓宽了乡村居民的增收渠道，为他们带来了实际经济利益。

二、乡村文化发展的基本经验

自改革开放初期起，中国在农村实施的家庭联产承包责任制极大激发了农民的生产积

---

① 徐升国，田菲. 阅读闪耀中国：回顾 11 年全民阅读发展历程［N］. 中华读书报，2024 年 04 月 24 日 06 版

极性，并有效释放了农村社会生产力，这一政策标志着对以往高度集中的计划经济体制的根本性调整。为了深化乡村社会改革，从 1982 年到 1986 年，中共中央连续五年发布的中央一号文件都聚焦于农村改革，带来了农村面貌的巨大变化。农业生产持续增长，农民不仅解决了温饱问题，还实现了粮食的剩余。随着基本物质需求的满足，农民的精神文化生活亦呈现出蓬勃发展之势。农民开始将科技文化与农业生产结合起来，非常重视子女的文化教育，使得追求知识成为了当时社会的主流风尚。

到了 20 世纪 80 年代中后期，随着国家政策的调整，改革开放的重点逐渐转向城市，农村发展相对放缓，甚至一度被边缘化，城乡差距逐步扩大。到了 20 世纪末，农村问题（"三农"问题）的严重性开始显著凸显。

进入 1990 年代初，面对关于"姓资"、"姓社"的激烈争论，改革开放的总设计师邓小平在"南方谈话"中明确表示，计划与市场经济调节方法不具有社会制度的属性，即社会主义体制下也可以实施市场机制。党的十四大后，进一步明确提出建立社会主义市场经济体制的目标，这一重大的经济体制变革对社会各个层面产生了深远的影响。在此背景下，传统的乡村文化秩序不可避免地受到市场化的冲击。随着城市化进程的加速，大量农村青壮年劳动力涌向城市，导致许多村庄出现了"空心村"的现象，留下的多是留守儿童和老年人，这一现象进一步削弱了传统乡村文化和伦理道德。

为了扭转这种局势，中央提出统筹城乡一体化发展战略，旨在解决长期以来的城乡二元结构问题。这一战略强调在传统文化的基础上构建适应新时代的乡村文化策略，旨在重塑乡村文化的价值及其认同，为实现农村现代化提供必要的精神动力和智力支持。改革开放以来，在中国共产党的领导下，乡村文化建设不仅取得了显著成就，还积累了宝贵的经验，这为未来乡村文化的持续发展奠定了坚实的基础。

（一）加强党的领导，唤起农民的文化自觉

在乡村文化建设的过程中，政府和党应强调向农民群众传达一个核心理念："他们既是乡村文化的创造者也是享有者"。农民不仅是乡村文化的中心资源，也是文化建设的基石。重要的是，在文化建设中唤起农民的主动性和创造性，尊重乡村及农民的首创精神。

首先，政府需要充分利用公共文化服务的功能，将文化深入融入社会经济发展的整体布局中。在国家的总体发展策略中，公共文化服务只是其中一部分，但因体制原因，许多尤其是偏远农村地区的文化服务设施与当地的经济发展不相匹配。建立乡村公共文化服务体系时，必须将文化与教育、科技、民俗等领域融合，确保文化与社会的相互依存，以充分发挥政府在各级的作用。

其次，党应引导地方文化的发展，使之与地方的社会经济发展相适应，更加贴近实际情况。例如，"文化三下乡"活动中，知名艺术家参与到偏远乡村的演出，有时由于文化和地域差异，会给地方政府带来困难。因此，"文化三下乡"活动必须与当地文化紧密结合，否则就会失去其深远意义。

最后，党和政府应制定具体政策来培养和支持乡村文化建设的新生力量。地方政府需采取各种措施培养和吸引更多年轻知识分子投身于乡村文化建设，挖掘乡村文化的深层价值，尤其是对坚守非物质文化遗产传承的新一代给予大力支持，让那些致力于乡村文化建设的人看到未来的希望。这些策略不仅能促进乡村文化的兴盛，也有助于实现农村现代化的更广泛目标。

（二）大力发展乡村教育，坚持以乡村为本位

自改革开放开始，中国农村实施了一系列重大政策，从家庭联产承包责任制到连续五年的中央一号文件关注农村问题，再到"费改税"、废除农业税和提供种粮补贴，这些举措均致力于解决"三农"问题。随着农村生产力的提升，农村经济走上了稳定发展的轨道，为乡村文化的发展提供了坚实的物质基础。1982年，党的十二大报告指出："普及教育是社会主义建设的重要前提"，之后的十三大进一步强调将教育事业放在优先的战略位置。这些政策不仅是党的教育思想的重大发展，也是文化建设的关键组成部分。

在这种教育优先的思想指导下，乡村教育事业得到了全面推进，学生辍学率显著降低，义务教育在农村得到广泛普及和发展。除了重视基础文化教育，成人教育、道德教育、技术教育和法治教育也在乡村获得了更多的发展和重视。

为了实现农村现代化和进入小康社会，大力发展乡村教育成为提供智力支持的关键。农民的文化素质直接影响"三农"问题的解决和农村现代化的进程。改革开放以来，提高人民群众的思想道德素质和科学文化素质成为乡村文化建设的主要内容。首先，注重培养乡村文化人才队伍；其次，增加资金投入改善乡村文化基础设施建设；第三，大力宣传典型案例，弘扬正能量，消除社会不良现象。

乡村文化建设要通过多种灵活多样的方式进行，避免单一的理论说教，采用寓教于乐的方式，使之成为农民易于接受的形式。加大财政投入，建设乡村文化中心，丰富农民的精神文化生活，组织"文化宣讲团"、"技术宣讲团"和"法律咨询服务队"等文化下乡活动，让农民通过娱乐的方式自觉接受文化教育。此外，乡村文化建设通过文化和职业教育提升农民素质，适应现代社会，增加就业机会，恢复本土文化，激发村民的认同感和自豪感，让农民认识到乡村文化的发展前景，树立乡村文化自信。这一系列措施旨在使农民

不仅仅向往城市生活，而是能够看到并珍惜乡村文化的独特价值和发展潜力。

（三）弘扬中华优秀传统文化与吸收外来文化精华相结合

从人类文明传承的视角来看，中华优秀传统文化的价值及其对国家意识和民族意识的唤起，远超物质财富。随着人民生活水平的提升，农村居民在基本物质需求得到满足后，对精神文化的需求逐渐增长。因此，充分挖掘和利用传统优秀文化资源，将其弘扬作为核心任务，是至关重要的，这不仅能保持全民的精神振奋，还能使传统文化在现代社会中发挥其历史价值和现实意义。

传统乡村文化是中华文化的重要组成部分，它为民族发展提供了持续的动力和团结向前的精神。我们应当引导乡村文化走向现代化转型，为当代的乡村文化建设及解决"三农"问题提供支持。

在经济全球化的大背景下，中国的改革开放已将其从封闭转向开放，使中国步入了世界舞台的中心。同理，乡村文化建设也应在全球化的背景下进行，采取"走出去"与"引进来"的策略。这包括加强国际文化交流，吸收世界各国的优秀文化成果，提升中华文化的国际影响力。

在借鉴西方及其他优秀文化的同时，我们需要进行科学的分析，选择性地吸收那些有益的文化元素，与中国传统乡村文化相结合，发挥其优势。我们应以开放的心态审视各种文化，同时增强文化自信，促进中西文化的交流，实现乡村文化的多元化发展。乡村文化的多元化发展依赖于一个开放的文化环境，没有这样的环境，乡村文化建设将难以进步，甚至可能退步。

因此，乡村文化建设不仅要引入国外的先进文化基因进行融合发展，还应当将中国的经典乡村文化进行包装和传播，让全世界的人民能够接受和欣赏。通过对外开放和文化间的互动，文化发展的动力将得以加强，中国乡村文化在开放的环境中才能实现良性发展，避免陷入缺乏活力的困境。

第二节　乡村文化发展面临的主要挑战

一、城市化发展给农村文化带来的冲击

自近代以来，受西方强势工业文明的深远影响，传统农业文明下的乡村文化秩序开始

逐步瓦解。工业文明不仅因其自身的先进性对农业文明构成挑战，也在改革中冲击着乡村文化中的"小农意识"，进而打破了乡村文化自我封闭的壁垒。随着信息化、市场化、城市化和工业化等多重因素的共同作用，尤其是在移动互联网和智能手机技术的快速普及下，即便是居住在偏远农村的居民，他们的市场意识、政治参与意识、民主法治意识也在显著提升。传统的小农意识和依赖性正在逐步向现代公民意识转变。

城市化进程的加速推动了乡村社会的知识精英流向城市，而农村的剩余劳动力也被卷入城市化的浪潮中，形成了庞大的进城农民工群体。这一过程不仅导致社会分化加剧，也扰乱了乡村社会原本稳固的生活方式，原有的社会阶层体系和传统道德规范体系因此面临解构，乡村文化的固有生态也随之动荡，文化冲突在所难免。乡土社会的农民一方面享受现代文明带来的便利，另一方面也不得不承受现代工业文明与传统农业文明之间的文化价值冲突所带来的焦虑和不确定性。

现如今，中国大众的生活（无论是社会生活还是日常生活）已经拥有了极大的自由度和宽容度，人们开始接受并认可现代社会所倡导的理性和创造性的文化价值观念。然而，这种现代价值观尚未完全成为具有崇高价值和强大感召力的主导性价值取向。与此同时，由于"消费主义的提前到来，后现代文化心态通过大众文化、通俗文艺、快餐文化等形式悄然渗透进中国民众的生活之中。"这种文化现象的兴起，虽然丰富了人们的文化生活，但也带来了文化的碎片化和浅层次消费，反映出现代社会文化的复杂性和多元化①。

在当前的国家文化体系中，城市文化已经成为主流文化。通过多种方式，城市文化不断向乡村渗透和灌输其理念，从而改变乡村文化的价值观。这种改变在市场化的推动下尤为明显，使得乡村社会被迫融入城市化的轨道。这种变化导致农民对自己曾经的乡土家园产生了疏离感，难以在现代化的波澜中找到归属感。

城市作为文化中心，不仅是地区的文化汇聚点，还是农村接受先进文化理念的源泉。城市对农村的影响力使农村居民不断模仿现代都市的生活习惯、文化和消费方式，形成了一种城市文化下沉与乡村模仿都市文化的双向互动。与此同时，进城务工的农民在城乡之间的流动使他们能够直接了解城市，并逐渐成为城市文化生活方式的参与者，一些人甚至已经融入了城市文化。随着电视、互联网的普及，尤其是手机网络、微信等新媒体成为主要的文化传播和信息交流渠道，人们对新鲜事物的接受速度变得更快。这些异质文化的冲击逐渐改变了农民原有的思想观念和价值取向。新媒体的迅速传播，尤其是在经济利益的驱动下，往往忽视了农民的文化需求，使得农民和城市居民接受相同的文化影响。尽管电

---

① 衣俊卿. 社会发展与文化转型——关于发展哲学的核心问题的思考 [J]. 哲学动态, 2000 (3)：21-24.

视和互联网等媒体展现了文化繁荣的外表，真正能够与乡村文化完美结合的优秀作品却很少。荧屏上展示的大都是城市生活中的时尚、舒适和充满现代感的元素，与乡村的现实生活形成了鲜明对比，这也促使农民追求更多的物质欲望。这种文化潮流的出现无疑让农民感受到文化上的自卑和精神上的失落，尤其对农村青年的价值观产生了强烈的冲击，使他们形成了攀比心理，并从内心渴望迁往城市生活。同时，新闻传媒的迅速传播使农村居民对城市信息有了更快的了解，城市的文化和消费模式的传入使得留守农村的居民在消费观、恋爱婚姻观以及价值判断等方面也逐步与城市接轨。在市场化和城市化持续推进的背景下，城市文化成为乡村社会模仿的对象。城市的"文明"与"非文明"元素对乡村的文化根基产生深刻影响，甚至侵蚀，从而使乡村社会的思想文化变得模糊不清，价值取向显得混乱。历史上，乡村社会基于血缘、地缘和家族文化等纽带紧密结合，形成了注重情义、伦理的道德规范。这种以和为贵、轻竞争的自给自足的经济形态进一步强化了这些道德规范。因此，传统乡村社会中人与人之间的关系相对简单纯朴，体现出了设身处地和推己及人的美德，农民在换位思考中展现出宽容和厚道。

在乡土社会，农耕生活的日常节奏——日出而作、日落而息，让大多数农民对乡土产生了深厚的眷恋。然而，在市场化和城市化的强烈冲击下，乡村伦理道德与过去相比发生了巨大的变化。那些在外先富起来的群体回到乡村时，带回了与乡村价值观不同的新观念，传统乡村社会所强调的"家族文化、伦理道德、安土重迁、重农轻商"等观念受到了市场化的强烈冲击。随着城市化进程的加速，传统乡村社会原有的封闭、保守、依附性和小农意识逐渐被开放性、竞争意识、合作精神所取代。在社会主义现代化建设中，竞争意识、诚信意识、公平理念、效率意识、信息观念、权利意识、民主意识和法治观念等多元化的精神文化需求正逐步形成。乡村社会在市场化的影响下，展现了多元价值的并存状态，既有残留的小农意识和宗法意识，也有市场经济中强调的"效率优先、个体本位、竞争意识、开放意识、法治意识"。这种转变必然导致传统的重义轻利与现代的重利轻义价值取向发生冲突，传统的崇本抑末观念与现代商业文化的强烈对抗，以及集体主义与个人主义价值观的激烈碰撞。这些冲突和变化正在重新塑造乡村文化的新面貌，同时也带来了文化上的自卑感、精神上的失落感等挑战。

在改革开放 40 年的现代化进程中，由于城乡二元体制的存在，城市的发展往往是以牺牲农村的发展为基础的，这导致城乡之间的差距不但未能缩小，反而在现代化的推动下逐渐扩大。尽管党和政府历届领导高度重视农村问题，但在以经济建设为中心的大背景下，经济发展的优先级超过了其他方面，乡村经济和文化教育的边缘化成了不可避免的结果。在河南省部分农村的调查显示，当代中国乡村社会的娱乐方式呈现出方向不明、缺乏目标和价值观的特点。民间艺术和传统节日庆祝活动正在逐渐消失，而国家法定节日和一些西方节日却广受欢迎；打牌和玩游戏成为了主流娱乐方式，现代娱乐方式在消费主义的影响下逐步成为主流①。乡村社会中固有的文化价值体系在市场化的冲击下正逐步退化，尤其是传统文化和民间艺术的生存空间被显著压缩。许多民间艺人为了谋生不得不转行或迁往城市。传统乡村文化中的经典文艺活动逐渐被遗忘，如扭秧歌、唱大戏、踩高跷等传统文艺活动也在减少，甚至消失。市场化竞争导致文化产品的科技含量成为发展的关键，传统乡村文化因此面临边缘化的困境。这种现象导致乡村社会普遍感受到一种文化消失的焦虑和疑惑，也加剧了人们对非物质文化遗产保护的迫切呼声。

市场经济所推崇的功利主义价值观导致人与人之间的关系趋向于竞争和利益交换，缺乏人情味，导致了关怀和支持的价值的消失。自利、拜金和个人主义愈发明显，传统的乡村文化中的相互支持、关心和淳朴的乡风民情正在逐渐消失。在现代城市文化的影响下，农民日常生活中依赖的文化逐渐被边缘化，乡村的古老艺术逐渐衰落，甚至一些被誉为非物质文化遗产的传统艺术面临着后继无人的困境。商品经济的侵蚀使得传统美学和艺术在一夜之间转向市场和消费，失去了其传统的庇护和价值。

受限于文化形式的便利性与经济性，农民对传统文化娱乐活动的兴趣显著减少。当乡村社会的群体性娱乐活动如打大鼓、踩高跷、唱大戏等难以为继时，农民感到深切的"失落"。这种失落感导致了农村娱乐活动的无序，空闲时间的"真空"往往被赌博、迷信和低俗表演所填补。在商品经济的推动下，乡村文化空间逐渐被庸俗和腐朽的文化侵占，农民对这些低级趣味的文化逐渐变得麻木。这种低俗文化不仅刺激感官，还导致人们的道德评价标准降低甚至丧失，迷失了方向，最终可能导致对文化价值的认同感消失。近年来，随着商品经济和市场化的冲击，乡村文化发展陷入了贫瘠和虚弱的状态，低俗文化泛滥，传统的乡村艺术表演被赌博、低俗甚至色情的表演所替代。文化贫瘠使村民在不知不觉中从传统道德的坚守滑向道德沉沦、价值沦丧和低俗文化的市场陷阱。电视等娱乐节目的消遣性质使人们的内心逐渐变得空虚和麻木。在表面的娱乐背后，农民变得更加自私、冷漠和无情，不愿参与公共事务。庸俗文化的泛滥背离了社会主义主流文化价值观，使得农民的精神生活陷入空虚，行为失控，道德情操标准下降，阻碍了科学文化思想在农村的传播。这严重污染了农村风气，妨碍了农村精神文明建设的顺利进行，成为社会主义新农村建设的一个重大阻力。乡村文化的摧毁和与农村真实生活脱节的文化娱乐活动成为了文艺作品的主流。

---

① 王华. 视像主导与乡村生活——有关大众娱乐的一次文化研究 [J]. 天涯, 2010 (2)：195-200.

在现代化的城市文化持续冲击下，传统的乡村社会展现出了一种集体的无意识状态和精神文化上的自卑与不安。传统的"城乡二元结构"导致了以城市发展为中心的策略，常常以牺牲农村发展为代价，加剧了城乡间的差异。政府在满足乡村文化需求上存在缺位，自20世纪80年代以来，随着政府对农村的直接干预减少，农村缺乏足够的经济支持来投资于文化基础设施建设，许多乡村的文化活动中心因而陷入功能丧失的状态。由于政策倾向和财政投入的不均，城乡在文化资源上的投入严重不平衡，乡村的文化投入远远落后于城市。广大的中西部地区在乡村文化人才培养和维护基础文化设施方面的投入极为有限。乡村文化服务体系不健全，基础设施落后普遍存在。乡村文化发展的缓慢既有国家政策倾向和财政资金不足的原因，也与中国社会正从传统农业文明向现代工业文明转型的深层原因有关。

总体来看，传统的乡村文化和价值体系在现代化的浪潮中必须进行现代化的转型。市场化的冲击使得乡村社会的传统伦理本位、家族文化、集体主义的文化结构面临解体。乡村文化体系的建立需要与现代市场经济、工业文明和现代化进程相适应，这不是一朝一夕可以完成的，而是一个长期的过程。在这一过程中，乡村社会文化处于新旧并存、发展失序的状态，在强势的城市文化映射下显得相对落后。当前的农村公共文化服务主要针对儿童、妇女和老人，因为乡村中的青壮年长期进城务工，这限制了乡村文化的发展潜力，并导致现代与传统之间出现断裂。青壮年在公共文化服务中的缺席，客观上加速了乡村文化的边缘化。尽管互联网和其他媒体的普及带来了一些文化活动下乡，如电影进村等，效果却不佳，因为农村几乎没有人观看露天电影。然而，传统戏剧下乡活动能吸引留守老年人的兴趣。尽管这种形式取得了一定成效，但这种政府主导的文化机制无法有效激发农民的文化热情。除了传统的文化下乡活动外，点燃乡村社会的文化火花还需要依靠互联网新媒体寻找新的途径，文化振兴和增强乡村的"造血"功能依然任重道远。

二、乡村文化发展投入不足

在新时代背景下，乡村文化发展得到了前所未有的关注和重视，享有了诸多发展机遇。然而，这一进程同时也遇到了一些新的挑战和问题。

（一）乡村文化区域发展不平衡

自从公共文化服务均等化政策开始实施后，我国大部分乡村地区的基础文化设施得到了一定程度的保障和改善。这包括了文化中心、图书馆和体育设施等，这些设施为乡村居民提供了更多的文化接触和体验机会。然而，由于各地经济发展水平和资源配置的差异，这些基础设施的建设质量和服务水平呈现出显著的区域差异。一些地区由于人力资源匮乏、财政资金不足或物资供应有限，导致了文化设施的建设和管理水平不能完全满足当地居民的需求。

此外，自然资源和传统文化资源的不均衡分布，也是导致文化产业发展不平衡的一个重要因素。在自然条件优越、历史文化底蕴丰富的地区，文化产业往往更为发达，能够吸引更多的投资和游客，从而带动当地经济和文化的共同繁荣。相比之下，那些经济基础较弱、文化资源尚未得到充分开发的地区，即使拥有丰富的传统文化资产，也可能因为缺乏必要的财政支持和市场推广力度，使得文化产业发展滞后。

尽管存在这些挑战，经济欠发达地区的文化建设在政府和社会各界的共同努力下，开始显现出发展的活力和潜力。政府通过提供资金支持、政策优惠等方式，鼓励和引导私人和企业投资文化项目，同时增强当地文化产品的市场竞争力。例如，通过建设文化旅游项目、举办文化节庆活动等方式，不仅能够保护和传承当地的文化遗产，还能激活经济增长点，提高当地居民的收入和生活质量。

总之，虽然乡村文化建设在公共文化服务均等化政策的推动下已经取得了初步成果，但要实现文化服务的全面均衡发展，仍需各级政府和社会各界持续关注和投入，特别是在人力、财力和物力资源较为匮乏的地区，更需要有针对性的支持和策略，以充分发挥文化在促进社会和谐与经济发展中的重要作用。

（二）传统文化资源保护力度不够

许多乡村地区正在经历文化资源的流失和荒废，特别是那些位于偏远地区的古村落。根据相关研究，乡村的民俗礼节、节庆习俗、传统艺术和技艺等非物质文化遗产正面临严峻的传承危机，每年都有数不尽的传统文化因缺乏传承而面临消亡的危险。

虽然一些文化资源得到了政策上的关注与保护，例如《关于加强非物质文化遗产保护工作的意见》（中华人民共和国文化和旅游部，2020 年）强调了加大财政投入和人才培养的重要性，但实际执行中仍面临诸多挑战。由于缺乏必要的人才和资金支持，这些古村落中的大多数仍然处于闲置状态，它们的文化和历史价值尚未得到充分的利用和展示。这些地区的文化遗产保护不仅需要政策和资金的支持，更需要有效的管理策略和社会参与的动员。

进一步的研究建议，为了更有效地保护和利用这些珍贵的文化资源，需要整合地方政府、社区、学术机构和私人部门的力量，共同开发适合当地文化特色的保护与开发项目。

例如，通过建立文化遗产数据库、开展文化遗产教育项目以及创新文化旅游产品等方式，可以激发地方文化的活力，同时为当地社区带来经济利益。

此外，还需加强对传统知识和技能的系统性记录和研究，以科学方法和技术手段，确保这些无形文化遗产能够得到有效的保存和传承。通过这些综合性措施，不仅可以防止文化遗产的进一步流失，还可以增强社区的凝聚力，提高居民的文化自信和身份认同，促进乡村振兴的文化和社会层面的可持续发展。

（三）乡村居民文化活动选择空间小

根据国家的公共服务均等化和标准化政策，乡镇文化站、基层综合性文化服务中心、农家书屋等文化设施在全国范围内得到了广泛建设和完善。这些设施旨在为乡村地区提供丰富的文化资源和活动，以提升居民的生活质量和文化参与度。然而，实际情况显示，这些设施在运营和管理上仍面临诸多挑战，这些问题已在最新的研究文献中得到了广泛讨论。

具体来说，乡村文化设施面临的挑战包括设备更新不及时、图书和内容供给与当地需求不匹配，以及免费开放服务的持续性难以保障。这些问题导致了低居民参与度和场地利用率，影响了文化服务的实际效果和居民的满意度。例如，农家书屋虽然数量众多，但由于图书更新缓慢和内容与当地实际需求脱节，使得这些资源未能得到充分利用。

此外，相比于城市地区的常态化群众性文化活动，乡村地区的文化活动频次和多样性显著较低。尽管政府组织的文化活动如露天电影每年都有举行，但这些活动往往形式单一，难以满足居民多元化的文化需求。更受欢迎的如送戏曲下乡活动，尽管每年有约 8 万场演出，但鉴于中国行政村的数量超过 69 万个，平均每个村庄约 9 年才有机会一次，远远不能满足需求。这导致了乡村文化活动的有限参与和低活跃度。

因此，虽然国家已在乡村地区投入了大量资源建设文化设施，但多数农村居民的文化生活依然较为单一，主要限于看电视、玩麻将、打牌等传统娱乐活动。这些因素综合作用，导致了乡村文化活动的丰富性和居民的文化满意度未能达到预期目标。未来的策略需要重点解决文化设施的运营效率问题，改进文化内容的供给方式，以及增加文化活动的频次和多样性，从而真正提升乡村文化服务的广泛性和有效性。

（四）文化事业管理人员不足

在基层乡镇文化站，通常只有 1 到 2 名专职人员负责文化相关工作，而这些工作人员往往还需承担其他行政或社区职责，使得他们无法全身心投入到文化服务中，形成了一种

"专干不专职"的工作状态。《中国文化发展报告（2022～2023）》指出这种状态普遍存在于全国多个乡镇文化站，影响了文化活动的质量和效果①。

在行政村一级，情况同样严峻。许多基层综合性文化服务中心的管理工作由村干部兼任，这些村干部由于日常行政管理任务繁重，往往难以抽出足够的时间和精力来组织和推动文化活动。二这导致了文化活动的组织和推广能力不足，文化活动质量和参与度低下。由于人手不足和管理不到位，基层的文化设施经常被挪用于其他非文化活动，如临时的会议或其他社区活动，严重影响了文化设施的正常使用。

由于上述种种原因，基层文化活动往往表现为分散、薄弱、规模小，难以有效满足群众日益增长的文化需求。这不仅限制了文化活动的发展，也制约了文化传承的深度和广度。要改善这一状况，需要加大对文化人力资源的投入，优化管理制度，增强基层文化设施的专业化运营，以及通过政策支持和资金投入，激发群众参与文化活动的热情，从而推动基层文化活动的活跃和文化传承的持续。

三、农民对农村文化的认同感逐渐降低

自鸦片战争以来，中国在西方列强的强力干预下被迫卷入了全球近代化的漩涡，中国传统文化因而面临现代化的挑战。中华人民共和国成立后，基于继承革命文化的立场，启动了对传统文化的社会主义改造。在经历了多次政治运动的冲击，以及改革开放带来的市场化和城市化的深刻影响之后，传统文化的核心价值逐渐变得模糊。受到功利主义"追逐利益最大化"的影响，实用主义的取舍观念下，传统文化面临被片面解构、支离破碎的困境，其存在的必要性甚至受到质疑。

在五千年的文化传承中，儒家文化的中庸、忠恕、仁爱和礼教等元素在乡村文化的形成中扮演着核心角色，塑造了乡村文化的基本价值体系。家族文化、宗族制度、宗法礼教是乡村文化的主要内容，血缘、地缘和姻缘关系构成了"乡村情缘"，成为农民互动的基本模式，是乡村文化的重要组成部分。然而，在城市化的进程中，"城市"象征着富裕、进步和文明，而"农村"则被标签化为贫穷、落后和愚昧。中国几千年的历史变迁和社会进步中，农村留下的文化不全是有益的精髓，其中不乏愚昧、狭隘和偏执的落后观念，这些负面元素需要被坚决抛弃。

由于中国农村现代化的复杂性和缓慢性，多元文化并存的格局加剧了乡村文化现代转型的难度。从乡村经济发展的角度看，改革开放初期从集体经营转向个体分散经营的转变

---

① 徐瑾，江畅编. 文化建设蓝皮书 中国文化发展报告 2022-2023. 北京：社会科学文献出版社，2023，第 123 页

导致乡村社会中的集体意识逐渐弱化，人际交流的减少使得人与人之间的互信下降，防范意识增强。这种变化削弱了乡村内部的文化凝聚力，利益至上成了主导原则，传统乡村伦理道德对农民的约束力相应减弱。

自鸦片战争以来，中国被迫进入全球近代化的洪流，传统文化面临现代化的挑战。新中国成立后，社会主义改造对传统文化进行了重塑。在历经政治运动和改革开放后的市场化、城市化冲击之后，传统文化的核心价值逐渐变得模糊。受利益最大化的功利主义影响，实用主义的选择下，传统文化被碎片化，甚至受到是否应继续存在的质疑。

儒家文化中的中庸、忠恕、仁爱、礼教等，在塑造乡村文化中扮演了不可替代的角色。乡村文化的合理内核也因此形成，其中家族文化、宗族制度、宗法礼教是乡村文化的主要内容。血缘、地缘和姻缘关系构成的"乡村情缘"是农民互动的基本模式，是乡村文化的重要组成部分。然而，在城市化进程中，"城市"象征着富裕、进步和文明，而"农村"则代表贫穷、落后和愚昧。在中国历史的变迁和社会进步中，农村留下的文化并非都是有益的，还包括一些落后的观念，这些应当被坚决抛弃。

由于中国农村现代化的复杂性和缓慢性，乡村文化的现代转型面临巨大挑战。改革开放以来，随着许多农民成为农民工，乡村社会结构和文化风土发生了剧变。土地荒芜，乡村缺乏活力，曾经能承载农业文明的乡村社会，今日几乎完全失去了往日的活力。随着工业化加速，乡村的青山绿水在无序开发中变得面目全非，许多污染问题转移到农村，乡村文化的和谐家园成为了回忆。

在现代化进程中，乡村文化的自卑和劣势感明显，导致一些激进主义者主张对乡村文化进行彻底的改造或放弃。传统乡村社会的基础是自给自足的小农经济，由于交通不便，乡村社会相对封闭，形成了以亲情、风俗习惯、家族、宗教信仰为纽带的地域文化。这种封闭的地域文化在新异质文化的冲击下容易被打破，农民可能出于好奇而接受新文化，不顾其是否适宜。这表明传统乡村文化无法抵御新文化的侵蚀，城市文化的优势地位逐步取代了乡村文化。

自鸦片战争以来，中国农民对他们世代居住的乡土怀有深厚的感情。中国人的"固守家园"和"落叶归根"体现了对故土的深刻情感。这种乡土观念能够凝聚民心，成为维系家族文化的根基。在历史上，国家长期实施的"重农抑商"政策使得农民坚守祖业，这限制了他们与外界的交流，并导致农民形成保守、自私的小农思想，成为现代化转型的障碍。

近年来，随着中国社会的大变革，农民对自身身份感到焦虑，'农民'这一身份似乎与愚昧、落后、保守等负面标签联系在一起。为摆脱这一身份，许多农民选择离开乡村前往城市，尽管政府鼓励农民工在城市落户，但许多人未放弃农村户籍，主要是担心失去农村土地的保障和无法承担城市的高生活成本。城市生活中，农民工常感受到根深蒂固的自卑和被排斥。

"成为城里人"是许多农民工的梦想，他们渴望享受城市居民那样体面的生活。新一代农民工，如95后和00后，他们思想开放，容易接受新事物，更能直接接触和吸收现代都市文化和工业文明。他们在饮食、恋爱婚姻、文化消费等方面模仿城市人，然而，由于社会保障体制的不完善，他们生活在城市边缘，感受到物质和精神上的排斥。城乡二元结构使他们在体制外徘徊，虽然成为产业军的一部分，但未能完全融入城市。

长期在城市生活的经历使他们对曾经熟悉的乡村生活既感到亲切又难以认同。这种理想与现实的冲突使他们陷入身处城市受轻视、回乡又感疏离的尴尬境地，成为一种"双重边缘人"[①]。

伴随市场化和城市化的加速，许多农民成为农民工，进城寻求更好的生活。这一转变极大地影响了乡村社会的结构和文化，导致许多农村变得荒芜，失去了往日的活力。当前的农民工，尤其是新一代，虽然对城市生活充满向往，但他们在城市中仍然感到边缘化，生活在低收入和粗重劳动中，难以融入城市主流社会。

近代以来，随着西方文化和资本主义的冲击，中国的传统农业文明遭受了重大挑战，导致"三千年之大变局"。乡村社会结构和习俗受到市场化和社会化的影响而变化，农民的价值取向变得复杂多变。这种转变消解了传统的乡村伦理道德，使得家庭和社区关系受损，追求名利的现象增多，社会公德逐渐衰退。电视和互联网的普及使农村青少年更难认同传统文化价值，而市场化深入农村也带来了西方的功利主义，加剧了乡村社会的道德混乱。

市场化不仅没有消除传统的小农心态，反而使其在某些方面复苏，成为新道德秩序建立的阻力。功利主义在农村社会盛行，一些农民为了利益牺牲了传统的诚实和守信。近年来，食品安全事件频发，如"毒大米"和"毒馒头"，这些事件反映了乡村传统的善良和诚实信用的严重衰败。文化上看，乡村社会被市场化和城市化的巨浪裹挟，让农民在不断变化的环境中感到无所适从，徘徊在传统与现代之间，面临身份和文化的双重边缘化。

在不断加剧的城市化影响下，乡村文化逐渐边缘化，成为过去的影子。马克思主义中提到的经济基础决定上层建筑的观点表明，在市场经济的推动下，曾在传统乡村社会中拥有重要话语权的家族长辈和文化权威，因其经济地位不再重要而失去了这一地位，变成了

---

① 彭远春. 论农民工身份认同及其影响因素——对武汉杨园社区餐饮服务员的调查分析 [J]. 人口研究，2007（2）：81-90.

社会边缘人物。而经济上较为成功的人群，因长时间脱离农村生活，在乡村文化重构中往往缺席，乡村文化秩序的瓦解似乎是必然的。

更为严重的是，受利益驱动影响，传统乡村文化价值体系正逐步解体，其中的精华部分也随之消失，这导致乡村社会的独特文化精神日益稀释。如古语所说："礼失求诸野"，意味着乡村社会曾稳定地维系其运行的价值体系，为社会提供了持续的价值资源。然而，在当前的社会环境中，这种文化资源是否还存在，能否继续为乡村社会提供支持，成了一个大问题。

随着农村青壮年劳动力的大规模城市化，留在乡村的主要是老人、妇女和儿童，形成了所谓的"空心村"现象。这种人口和资源的空洞化背后，乡村价值的空洞化也成为必然。乡村社会的传统文化生态受到破坏，导致农民失去了对传统乡土家园的认同感。尤其是那些在城市边缘生活的年轻人，与城市的现代化生活相比，他们对乡村的记忆只剩下贫穷和落后，这不仅未能给他们带来自信，也无法提供情感上的支持。

因此，他们在城市生活中感到自卑，而在乡村中则感到疏离。这种双重边缘的尴尬地位，加上对农村劳动的轻视和缺乏实际劳动技能，使得他们在城市中难以立足。尽管他们能通过务工改善经济条件，为家庭提供更好的教育机会，但乡村社会文化的连续性和价值体系已经严重削弱。

近年来，大学毕业生面临严峻的就业压力，社会普遍感觉到"毕业即失业"的压力，使"读书改变命运"的观念变得苍白无力。这种情况进一步加剧了农村知识精英逃离农村的趋势。如今的乡村社会不再是田园诗般的理想家园，乡土文化的浓厚气息消失，人情味变淡，乡亲关系逐渐疏远，曾经制约农民行为的乡规民约失效，导致乡村社会的道德和精神基础遭到破坏。如清末民初的学者严复所担忧的，"旧者未破，新者未立"，乡村文化正处在一个深刻的转型期，面临巨大的挑战。

第三节　乡村文化衰退的社会经济影响

近年来，随着全球化和城市化的加速，乡村文化正面临前所未有的挑战。传统农业的衰退、年轻人向城市的大量迁移以及现代生活方式的渗透，都在不断地侵蚀乡村的文化根基。这种文化的衰退不仅在中国广泛存在，也是全球许多国家面临的问题。例如，传统的手工艺逐渐失传，地方语言和方言被标准语所替代，乡村的传统节日和习俗也越来越少被年轻一代所重视。

一、乡村文化衰退的表现

乡村文化衰退在多个层面展现出了明显的特征，这些变化不仅影响了乡村社区的日常生活，还对农村地区的社会结构和经济发展产生了深远的影响。

（一）传统手工艺的消失

传统手工艺是乡村文化中的重要组成部分，体现了乡村社区的创造力和审美。这些手工艺如编织、陶瓷制作、木工和传统织布等，不仅富含地方特色，也是当地经济的重要支柱，为社区提供身份认同和经济收入。然而，随着工业化的推进和全球化的影响，大量廉价且大规模生产的工业产品涌入市场，使得劳动密集型且费时费力的传统手工艺品难以与之竞争。这种市场的变化导致了传统技艺的需求急剧下降，从而影响了这些技艺的传承和发展。

随着经济的现代化，许多乡村地区的年轻人被更稳定或收入更高的城市工作所吸引，对传统手工艺的兴趣逐渐减少。他们往往选择迁往城市寻求更好的教育和职业机会，导致乡村地区手艺人才的流失。同时，随着老一代手艺人年龄的增长，缺乏愿意和有能力继承这些技能的年轻人，许多精湛的传统技艺面临着无人传承的窘境。这不仅是文化的损失，也是经济多样性的减少。此外，手工艺的消失还削弱了乡村地区在文化旅游和特色商品市场中的竞争力，进一步影响了当地的经济发展。

（二）土地使用变化与农业生产方式的转型

随着城市化的快速推进，许多农村地区的土地被重新规划，用于商业、工业或住宅开发。这种用途的转变直接影响了土地的传统农业功能，导致原本用于种植作物或畜牧的土地减少，农民失去了传统的生计来源。此外，这种开发往往伴随着基础设施的改善，如道路和市政设施的建设，从而进一步推动土地从农业向非农业用途的转变。这不仅改变了地区的经济结构，也对农业社区的文化和社会结构产生了深远的影响。

在技术层面，现代农业技术的引入，如高效灌溉系统、化学肥料、农药以及基因改良作物，已经极大地改变了传统的农耕方式。这些技术使农业生产更加依赖于资本密集型的输入，而减少了对人力和传统知识的依赖。虽然这带来了产量的显著提高和作业效率的改善，但同时也可能导致土壤退化、水资源过度开发和生物多样性的减少。更重要的是，依赖现代化农业技术可能导致农民对化肥和农药的过度依赖，从而增加了农业生产的环境风险。

此外，传统农业知识，如作物轮作、自然病虫害管理和土壤保养等生态友好的农耕实践，正逐渐被边缘化。这些传统技能不仅是农业生产的一部分，也是乡村文化的重要组成，包含了世代农民对自然环境的深刻理解和尊重。知识的流失不仅降低了农业的可持续性，还削弱了社区对其文化遗产的把握。

（三）乡村人口的减少与老龄化

乡村地区的人口外流是当今社会面临的一大挑战，特别是在年轻一代中尤为明显。由于城市提供了更广泛的教育资源、更丰富的就业机会和更高的生活水平，许多年轻人选择离开他们的家乡迁往城市。这种持续的迁移趋势导致了乡村地区人口的急剧减少，尤其是劳动力充沛的年轻人口。随着这一趋势的发展，乡村地区的人口结构逐渐老龄化，留下的多为老年人。

乡村老龄化带来的直接后果之一是社区活力的减弱。年轻人通常是创新和变革的推动力，他们的离开使得乡村社区失去了重要的活力来源。此外，年轻人的缺失也影响了地方节日、传统习俗和日常社交活动的举办，这些活动曾是加强社区联系和文化传承的重要方式。老年人虽然拥有丰富的知识和经验，但可能缺乏维持和发展这些社区活动的体力和资源。

此外，文化传承也因人口老龄化而面临风险。传统技艺、方言、民间故事以及农业知识等，往往需要通过世代相传的方式维持。年轻一代的缺席意味着这些宝贵的文化资产有消失的风险，因为老年人可能找不到愿意学习和继承这些传统的接班人。

经济上，老龄化也对乡村地区的经济发展产生了负面影响。年轻劳动力的不足使得农业生产、小型企业运营及新兴产业的发展受阻，减少了这些地区的经济活力和增长潜力。同时，老年人口增加也对社区的医疗和社会服务系统提出了更高的要求，这对于资源本就匮乏的乡村地区而言是一大挑战。

（四）地方语言和方言的消失

地方语言和方言是一个地区文化身份和历史传承的重要载体。它们不仅承载着当地的民俗、传说、歌谣和其他文化形式，还是社区成员交流感情和日常生活经验的重要工具。然而，随着标准化教育体系的推广和国家语言政策的执行，以及媒体和网络通信的普及，主流语言（如普通话和英语）已成为学校教育和公共生活中的首选语言。这种趋势导致地方语言和方言的使用频率大大降低，特别是在年轻一代中。

年轻人在学校学习和日常生活中使用主流语言，导致他们与地方语言的联系逐渐减少。许多年轻人甚至可能觉得讲方言是一种社会地位的低下表现，或认为方言不具备现代化和全球化社会所需的实用性。这种观念的转变不仅影响了语言的使用，还可能影响他们对本地文化的认同和价值的感知。

地方语言的消失不仅削弱了乡村文化的独特性，还影响了文化的多样性。每一种语言都是一个独特的世界观的表达，含有无法用其他语言完全替代的地方知识和文化精髓。当这些语言消失时，与之相关的传统知识、文学作品、歌曲和故事等文化遗产也面临着被遗忘的风险。

此外，语言的丧失还可能加剧代际间的隔阂。年轻一代如果不讲地方语言，他们与长辈的沟通可能会受到影响，这限制了文化和知识的传承。长辈们的生活智慧和历史记忆可能无法有效传递给下一代，从而削弱了社区的历史连续性和文化深度。

（五）传统节日与习俗的淡化

传统节日和习俗在乡村社区中扮演着核心的角色，它们不仅是庆祝和社交的时刻，也是传承文化价值和历史记忆的重要途径。这些活动帮助加强了社区成员之间的联系，增强了归属感和社区认同。然而，随着现代化和全球化的进程，这些传统的文化实践正在经历显著的变迁。

现代生活节奏的加快使得人们越来越难抽出时间来准备和参与传统节日和习俗。工作压力和城市生活的快节奏导致许多人即便是在节日也无法返回家乡，从而错过了与家人和社区共度时光的机会。此外，随着商业化的渗透，很多原本具有深厚文化意义的节日变成了消费和娱乐的机会。例如，传统节日中的某些仪式和活动被简化或替换为更具吸引力的商业活动，这虽然可能增加了节日的普及性，却在很大程度上稀释了其文化内涵。

同时，社区的老龄化也对传统节日和习俗的维持构成了挑战。随着年轻一代的离开，许多需要大量人手和体力参与的传统活动变得难以继续。老年人虽然是文化传承的宝贵资源，但他们可能缺乏组织和参与大规模社区活动的能力。此外，传统知识和习俗的传递也可能因为年轻一代的缺席而中断。

通过以上几个方面的分析，我们可以看到乡村文化衰退是一个多维度的问题，涉及到社会结构、经济活动以及文化传承等多个层面，这些变化互相影响，共同推动了乡村文化的整体衰退。

二、乡村文化衰退对社会的影响

（一）社区凝聚力的下降

乡村文化的核心之一是强大的社区凝聚力，这通过共享的传统、习俗和集体活动实现，从而增强了社区成员之间的联系和归属感。这些活动不仅是社交的机会，还是传递社区价值观和历史的重要方式。然而，随着乡村文化的衰退，传统节日、共同劳作和集体庆典等活动的减少，社区的内聚力也随之弱化。

当社区凝聚力下降时，成员之间的互助和支持也会减少。这种变化使得社区在面对外部挑战时显得尤为脆弱。例如，在经济困难时期，强大的社区网络可以帮助成员共同寻找解决方案和资源；在自然灾害发生时，紧密的社区联系可以加速救援和重建工作。缺乏这样的团结和协作精神，社区的恢复力明显下降，处理危机的能力也随之减弱。

社区凝聚力的减弱还可能导致社会孤立现象的增加，特别是在老年人和其他易受影响群体中。这些群体在社区活动中扮演重要角色，也依赖于这些活动来维持其社会联系和情感支持。当这些集体活动减少时，他们可能会感到更加孤立，对他们的心理健康和总体福祉造成影响。

（二）代际传承与知识流失

乡村文化的衰退对代际传承的影响是深远的，尤其表现在传统知识和技能的逐渐流失上。这些传统知识和技能，如农业技术、手工艺技能、草药使用、食品制作方法以及地方历史和口头传说，都是由一代人传给下一代人的文化财富。然而，随着现代化和全球化的影响，以及年轻一代对传统生活方式兴趣的减少，这些宝贵的知识和技能面临着被遗忘的危险。

代际之间的断层不仅影响了文化的持续性，也削弱了社区的认同感和归属感。当年轻一代未能学习到这些技能时，他们与自己的文化和历史的联系也随之减弱。这种文化连接的丧失不仅影响个人的文化认同，也减少了社会的多样性。每一种文化的独特性都是社会多样性的重要组成部分，文化同质化的趋势不仅贫化了全球文化景观，也削弱了社区应对变化和挑战的能力。

此外，这种知识的流失还对乡村社区的可持续发展造成了实际的威胁。例如，传统农业知识，如自然病虫害控制和土壤保养，往往更加环境友好和可持续。这些知识的缺失可能导致对化学农药和肥料的过度依赖，进一步造成环境问题。

（三）社会价值观和认同感的变化

乡村文化的衰退引发了深远的影响，尤其在社会价值观和个人的认同感上的变化尤为显著。传统乡村文化通常强调社区合作、家族纽带以及对长辈的尊重等价值观，这些都是维系社区结构和确保社会稳定的基石。然而，随着这些文化的逐渐淡出，新的价值观开始崛起，这些通常是受现代化、全球化和市场经济影响较大的价值观，如个人主义、效率优先和物质成功。

这种价值观的转变影响了人们的生活方式和行为模式。在传统乡村社会中，个体的行为和决策通常考虑到家庭和社区的利益，而现代价值观则鼓励个人追求自身利益和个人发展，有时甚至是以牺牲社区利益为代价。这不仅使得社区内的互助和合作精神受损，还可能导致代际间的矛盾，因为不同代际对价值观的理解和接受程度可能存在显著差异。

随着价值观的转变，人们对传统社会角色和结构的认同也在减弱。例如，年轻一代可能不再认同或重视传统的性别角色和家庭结构，而是倾向于更加平等和灵活的家庭关系。这种转变虽然在一定程度上反映了社会进步和个体权利的提升，但也可能导致文化冲突和社会认同的混淆，影响社会的和谐和稳定。

（四）增加社会矛盾和冲突的潜在风险

乡村文化的衰退与现代化进程紧密相关，这一过程不仅带来了技术和经济的变革，也引发了深刻的社会变化。当传统的乡村文化逐渐消失，它可能加剧社会的分层和不平等，特别是在资源分配不均的情况下更为明显。乡村地区常常缺乏与城市相等的教育资源、医疗设施和经济机会，这种不平等可能导致乡村居民感受到被边缘化和忽视。

随着乡村与城市之间经济和生活方式的差异日益扩大，两者之间的隔阂也可能加深。城市居民可能对乡村的生活方式和文化价值观缺乏了解和尊重，而乡村居民则可能对城市的快节奏和物质主义感到疏离。这种双向的误解和偏见为社会矛盾的产生创造了温床，尤其在经济压力大或社会变革快的情况下，这些矛盾更容易激化成公开的冲突。

例如，在资源分配（如水资源、土地使用权和教育资源）发生争议时，乡村和城市之间的冲突可能因为竞争而变得尖锐。此外，政策制定时如果忽视乡村地区的特定需求和文化背景，也可能引发乡村居民对政府政策的不满和抵制。

总体而言，乡村文化的衰退对社会的影响是全面而深远的，它触及了社区的核心结构，改变了人们的生活方式和价值观，甚至可能对社会的整体和谐和稳定产生影响。因此，理解和应对这些影响是促进乡村振兴和文化保护的重要任务。

三、乡村文化衰退对经济的影响

（一）农业生产效率和可持续性的影响

乡村文化与传统农业的联系密切，传统的农业技术和实践，如作物轮作、自然肥料的使用、本土作物的种植以及水资源的合理管理，都在长期的历史实践中被证明适应了当地的环境条件，确保了农业生产的效率和生态的可持续性。这些实践不仅维护了土壤健康，还保护了生物多样性，增强了农业系统对气候变化的抵抗力。

然而，随着乡村文化的衰退，这些传统的农业知识和技术正在被现代化的农业方法所替代，这些方法往往依赖于化学肥料、农药和高产量的单一作物种植。虽然这种现代化的农业在短期内可能提高产量，但它们可能不适合当地的生态环境，长期来看可能导致生产效率下降。例如，过度依赖化学肥料和农药可能会导致土壤结构破坏、有益微生物的减少和土壤肥力的下降。此外，单一作物种植容易引发病虫害问题，增加了对农药的依赖，同时降低了农田的生物多样性。

传统农耕知识的流失，如对当地适应性强的作物品种的了解、天然病虫害管理技术以及土壤保持技术的遗忘，也严重影响了农业的长期可持续性。土壤退化不仅减少了农地的生产能力，也增加了恢复生态环境所需的成本和努力。生物多样性的减少更是影响了生态系统服务的提供，如授粉、病虫害控制和水质的维护，这些都是农业生产不可或缺的部分。

（二）乡村旅游业与地方特色产品的衰减

乡村文化的多样性和独特性是乡村旅游业发展的核心动力。游客通常被吸引到乡村地区，希望体验其特色手工艺品、传统节日、历史建筑和独特的生活方式。这些文化元素不仅丰富了游客的旅行体验，也显著促进了当地经济的发展，提供了直接的收入来源和就业机会。然而，随着乡村文化的逐渐衰退，这些吸引游客的独特卖点也在不断减少，从而对乡村旅游业产生了负面影响。

特色手工艺品的制作往往需要复杂的技能和世代相传的知识，随着这些技能的流失，相关产品的生产数量和质量都可能受到影响。例如，传统编织、陶艺、木工或金属工艺等，都是基于当地原材料和传统技术。这些手工艺品不仅是旅游纪念品的重要来源，也反映了地区的文化特色和艺术价值。当这些手艺人减少，相关产品就难以大量生产，影响了旅游纪念品市场的供应，减少了旅游收入。

许多乡村地区也以其传统食品而闻名，这些食品通常在特定的节日或季节中制作与享用，是体验当地文化的重要部分。随着传统烹饪技术和当地农产品的使用减少，这些特色食品可能无法继续生产，进一步减少了旅游吸引力。

（三）劳动力市场的变化与失衡

乡村地区的文化衰退及其伴随的社经变迁，尤其是年轻劳动力的大规模流失，对劳动力市场产生了深远影响。年轻人迁往城市寻求更好的教育和就业机会，是受到了高等教育扩张、工业化和服务业增长的吸引。这种人口流动不仅减少了乡村地区的劳动力数量，更重要的是改变了劳动力的结构和质量，使得剩余劳动力多为老年人。

这一人口结构的转变限制了乡村地区的经济发展潜力。老年劳动力可能缺乏参与高强度体力劳动的能力，且可能不愿意或不适应接受新技术培训，这在一定程度上阻碍了新产业的引进和旧产业的升级。此外，年轻人的流失也意味着创新能力的减弱，因为青年群体更可能接受新知识和技术，更倾向于创业和创新。

同时，城市地区的劳动力市场面临着不同的挑战。随着大量乡村人口涌入，城市可能会面临劳动力过剩的问题，特别是在低技能和低收入职位上。这可能导致城市内部的工资压力，增加对社会保障系统的负担，并可能引发社会不安定因素。此外，大量劳动力的集中也加剧了城市的住房、交通和公共服务的压力，从而影响了城市居民的生活质量。

（四）区域经济发展不均衡加剧

随着乡村地区的文化和经济活力的减弱，区域间的经济发展不均衡现象可能进一步加剧，造成一系列长期的负面影响。乡村地区的衰退通常伴随着基础设施的落后、教育和医疗资源的缺乏以及创新能力的下降，这不仅直接影响当地居民的生活质量和经济机会，而且还会导致人才和社会资本的流失。

随着资源和人才向更发达的城市地区集中，乡村地区可能遭受到投资的不平等，进一步削弱了这些地区的发展潜力。投资者和企业倾向于投资那些已经具备更好基础设施和更高人力资本的地区，从而形成了一个正反馈循环：资金和资源越集中，这些地区的吸引力越大，相反，缺乏投资和更新的乡村地区则进一步落后。

长期而言，这种区域不均衡的加剧可能导致经济和社会问题的集聚，形成难以逆转的下降循环。乡村地区的贫困和落后可能导致犯罪率提高、健康问题增多以及生活质量的整体下降，这些问题又反过来影响到地区的稳定性和吸引力，减少外来的投资和支持。

总结来说，乡村文化的衰退对经济的负面影响多方面且互为因果，从直接影响农业生产和乡村旅游业到对劳动力市场和区域经济平衡的长远影响。因此，理解并应对这些影响是实现乡村振兴和经济可持续发展的关键。

第三章 我国乡村文化建设的理论基础

第一节 乡村文化建设的基本内涵

乡村文化作为一个地区历史、传统和身份的集中体现，不仅仅是农业生产的背景，更是社会文化的宝贵财富。它包括了一系列复杂的社会实践、信仰系统、艺术形式以及与自然环境和农业活动紧密相关的知识体系。这些文化元素对于维护地区的文化多样性和社会稳定性具有无可替代的作用，同时也是推动经济发展的潜在动力。

当前，随着全球化和城市化的快速推进，乡村地区面临着前所未有的变革。年轻一代大量迁往城市，寻求更多的教育和就业机会，导致乡村地区人口结构老化，文化活力逐渐流失。此外，现代化的生活方式和消费模式也在逐步取代传统的乡村生活，使得许多传统技艺和习俗面临消失的风险。这种文化的退化不仅影响了乡村社区的内聚力和身份认同，也削弱了乡村地区对外来挑战的应对能力。

在这样的背景下，乡村文化建设显得尤为重要和迫切。通过系统地振兴和保护乡村文化，不仅可以保存这些宝贵的文化遗产，还可以利用它们增强乡村地区的吸引力，促进旅游和其他相关产业的发展，从而为乡村经济注入新的活力。更重要的是，强化乡村文化建设可以帮助恢复和加强社区成员之间的联系，增强他们对本地社区的归属感和认同感，有助于构建更加和谐稳定的社会。

一、乡村文化建设的定义和特征

（一）乡村文化和文化建设的概念

乡村文化是一种深植于特定农村地区的文化表达，反映了该地区人民的历史、环境和生活方式。这种文化的形成受到了多种因素的影响，包括地理位置、历史背景、社会结构以及与自然环境的互动。在乡村文化中，我们不仅可以看到如农具、民居、传统服饰等物质文化遗产的传承，还包括了一系列非物质文化元素，如当地的风俗习惯、宗教信仰、传统节庆活动、民间艺术、方言以及独特的社会组织形式。

乡村文化的丰富性在于它不仅保存了过去的遗产，而且还在不断地与现实生活互动中重新定义其意义和功能。这些文化特征不仅为乡村居民提供了身份认同的源泉，也是他们日常生活的一部分，形成了一种独特的社区凝聚力和文化自豪感。

乡村文化建设则是一个更为系统和有目的的过程，涉及到对这些传统文化元素的保护、振兴和可持续发展的各种活动。这包括制定政策以保护和保存那些可能因现代化进程而面临消失的传统技艺和生活方式；推动教育和公共项目，以提高人们对本土文化价值的认识和尊重；以及开展创新活动，将传统元素与现代市场需求相结合，使之能在当代社会中找到新的生存空间。

此外，乡村文化建设的目的不仅是为了文化的保存。更重要的是，通过这些活动促进社区的经济发展，提高居民的生活质量，并帮助乡村地区在全球化的背景下维持其文化独特性和竞争力。这要求政府、社区以及私人部门之间进行协作，共同开发适应当地条件的策略，以实现文化与经济的双赢发展。通过这种方式，乡村文化建设不仅能够保存过去，还能激发未来的创新和成长。

（二）乡村文化的多样性和独特性

乡村文化的多样性和独特性是其最宝贵的特征之一，它为我们揭示了人类如何与特定的自然环境和社会历史条件互动，并在此过程中发展出独特的生活方式和社会组织形式。这种多样性不仅体现在表面的文化表达上，如节日庆典、服饰、艺术和建筑风格，更深层次地体现在居民的价值观、信仰系统以及与外界的关系处理方式上。

例如，沿海地区的乡村文化可能会发展出以渔业为中心的生活习惯，其节日和传统活动常与海洋神话和渔业相关的仪式相结合，反映出人们对海洋的依赖和敬畏。另一方面，沙漠或干旱地区的乡村文化则可能围绕着水资源的管理和利用展开，具有独特的水利系统和与之相关的社会规范和宗教信仰，这些文化实践帮助社区适应极端干旱的环境条件。

此外，乡村文化的多样性也表现在地方方言和传统音乐上。不同地区的方言不仅是语言的变体，它们承载着该地区的历史、文化习俗和集体记忆。同样，传统音乐和舞蹈常常与特定的农业活动、宗教仪式或社区事件相关联，它们不仅是娱乐形式，也是传承文化、加强社区凝聚力的重要手段。

乡村文化的这种多样性和独特性是无价的，它不仅使每一个地区都拥有了自己的标识和特色，还丰富了全人类对自然和社会的理解和适应方式。保护这些独特的乡村文化，不仅是保存遗产的问题，更是维护文化多样性和提升全人类共同福祉的关键。因此，认识和尊重乡村文化的多样性，支持和激励这些文化在现代社会中的保持和发展，是任何致力于可持续发展和文化尊重的社会所必须承担的责任。

（三）乡村文化建设的核心特征和元素

乡村文化建设的核心特征包括其持续性、参与性和适应性，这些特征不仅定义了乡村文化建设的基本方向，也指明了其实践的关键路径。

1. 持续性

持续性是乡村文化建设的基石，意味着文化保护和传承不是短暂或偶发的活动，而需要长期的规划、投入和维护。这包括政府的政策支持、资金投入，以及教育和公共项目的连续运作。文化遗产的保存需结合科技手段，如数字化保存技术，确保文化遗产的物理和数字化保护。此外，持续性还涉及到将文化教育纳入公共教育系统，让子孙后代从小学习并理解自己的文化根源，这是文化传承的有效方式之一。

2. 参与性

参与性强调从社区本身的需求出发进行文化建设，确保文化活动和项目真正反映并服务于当地居民的需求。这需要在文化政策制定和实施过程中，充分听取和整合社区成员的意见，使他们成为文化保存和传承的积极参与者。例如，可以通过组织文化工作坊、传统节日和庆典等活动，鼓励居民参与到组织和执行过程中，让他们成为自己文化的保护者和传播者。社区艺术项目、手工艺复兴活动等，也是鼓励社区参与的有效途径。

3. 适应性

适应性则体现在乡村文化建设对现代社会变迁的响应能力，即如何在不断变化的社会环境中保存传统的同时寻找新的表达和发展方式。这包括利用现代技术和媒体传播乡村文化，使传统艺术形式能够通过现代通信和网络平台触达更广泛的受众。同时，也涉及到将传统技能和知识融入现代产业中，比如传统手工艺在现代设计中的应用，或是传统农业技术在可持续农业发展中的创新使用。这种适应性不仅有助于传统文化的现代转化，也有助于其在全球化背景下的竞争力提升。

总体而言，乡村文化建设需要结合持续性、参与性和适应性这三大核心特征，通过具体实践活动将这些理念落到实处，确保乡村文化既能保持其传统的独特性，又能适应现代社会的发展需求。这不仅是文化自身发展的需要，也是推动乡村整体社会和经济发展的重要策略。

二、乡村文化建设的目标与意义

（一）促进乡村经济发展

乡村文化建设的一个重要目标是促进当地经济的发展。通过保护和振兴地方特色文化及手工艺，乡村地区可以开发出独特的旅游产品和服务，吸引国内外游客。这不仅增加了旅游收入，还激发了相关产业如餐饮、住宿、交通和零售的增长。此外，当地特色产品如传统食品、手工艺品等可以通过电商平台销往更广阔的市场，增加农村居民的收入来源，从而推动乡村经济的多元化和可持续发展。

（二）增强乡村社区的凝聚力和身份认同感

乡村文化建设还致力于增强社区的凝聚力和居民的身份认同感。通过共同参与文化活动和节庆事件，乡村居民能够加深对自身文化遗产的理解和尊重，同时增强与邻里之间的联系。这种增强的社区凝聚力对于维护社会稳定、促进社区自我管理和应对各种社会挑战至关重要。身份认同感的增强也有助于激发居民对乡村生活的热爱和自豪感，从而减少人才流失，吸引更多的回归和投资。

（三）传承和保护乡村传统文化和手工艺

乡村文化建设还着重于传承和保护传统文化和手工艺。许多乡村地区拥有丰富的非物质文化遗产，包括传统的艺术形式、手工艺技能、民间音乐和舞蹈等。这些文化资产不仅是历史的见证，也是当地智慧和创造力的结晶。通过组织工作坊、展览、节庆活动等方式，不仅可以为年轻一代提供学习和体验传统文化的机会，还可以向外界展示乡村文化的魅力，增加文化自信和传承动力。

（四）提高乡村居民的生活质量和幸福感

乡村文化建设的目标是提高居民的生活质量和幸福感。通过发展文化旅游和手工艺产业，乡村居民可以获得更多的就业机会和更高的收入，从而改善生活条件。文化活动的丰富也提供了更多的休闲和学习机会，增加居民的生活满意度和幸福感。此外，强化乡村文化还有助于保护生态环境，促进生态旅游和可持续发展，这些都直接提升了居民的生活环境质量。

综上所述，乡村文化建设具有多重目标和深远的意义，不仅有助于经济的振兴，还能增强社区的内聚力，保护和传承宝贵的文化遗产，最终提升乡村居民的整体生活质量和幸福感。

三、乡村文化建设的重要组成部分

（一）传统文化的保护与传承

乡村文化建设首要任务是保护和传承传统文化。这包括了非物质文化遗产的保护，如民间传说、语言、节日庆典、传统音乐与舞蹈等。为了有效保存这些文化遗产，可以采用数字化记录方法，建立文化档案库，并通过社区活动和教育项目来增加公众的参与和认知。此外，传统技艺和习俗的复兴也非常关键，例如手工艺技能、农业传统技术等。通过工作坊、展览以及市集，可以让更多人了解并学习这些技能，同时为传统手工艺品创造市场，从而提高其经济价值和社会认同。

（二）现代文化元素的融入

现代文化元素的融入是乡村文化建设的另一个关键方向。通过教育和科技的应用，可以提升乡村地区的文化传播效率和覆盖范围。例如，使用互联网和移动设备普及传统文化内容，开发相关的教育应用程序或在线课程，使乡村居民能够更方便地接触到教育资源和文化资讯。此外，现代艺术和媒体也可以对乡村文化产生积极影响，通过电影、电视和在线视频等媒介形式展示乡村文化的魅力，吸引更广泛的关注并提高文化自信。

（三）生态文化建设

生态文化建设是乡村文化建设不可或缺的一部分，它强调绿色生活方式的推广和自然资源的可持续利用。通过教育居民了解和实践环保的农业技术、水资源管理和废物回收，可以帮助乡村地区建立起与自然和谐共处的生活方式。此外，推动生态旅游和本地生态产品的开发，不仅有助于保护环境，还能为当地带来经济收益，促进社区的可持续发展。

（四）文化自信的培养与推广

培养和推广文化自信是乡村文化建设的核心目的之一。增强乡村居民对自身文化的认同感和自信是促进社区凝聚力和自我发展的基础。可以通过社区领袖的引导、学校教育的强化以及通过各种媒介宣传乡村文化的独特价值来实现这一目标。利用媒体和教育工具，如制作纪录片、开设专题讲座和社区广播，可以有效地传播乡村文化的丰富性和深厚性，激发居民的自豪感和归属感。

通过这四个组成部分的系统建设，乡村文化建设不仅能够有效保护和传承传统文化，还能适应现代社会的发展需要，促进乡村的经济和社会全面发展。

第二节　乡村文化建设的地位与作用

乡村文化的丰富多样性和独特传统不仅塑造了农村地区的社会结构和居民的生活方式，也是农村独有魅力和精神价值的体现。因此，认识并发挥乡村文化在乡村振兴中的地位与作用，对于推动社会可持续发展具有不可替代的重要性。乡村文化建设的重要性在于其能够维护和传承传统文化遗产，保护农村地区的历史记忆与文化身份，使之不被现代化的浪潮所淹没。通过振兴传统手工艺、民俗活动、传统节日和乡土教育，乡村文化不仅能够增强农村社区的凝聚力，还能提升居民的自豪感和归属感，从而构建积极向上的社区氛围。此外，乡村文化的独特性和吸引力是发展乡村旅游和其他相关产业的宝贵资源，可以为农村地区带来新的经济增长点，促进经济结构的多元化。乡村文化建设的作用还表现在其对于农村社会稳定的积极影响上。文化的力量可以帮助解决因现代化进程中出现的代际断裂、价值观冲突等社会问题，通过文化教育和活动的普及，加强农村居民对传统和现代价值观的融合与交流。这不仅有助于形成健康稳定的社会环境，也是实现乡村振兴战略中不可或缺的一部分。

因此，乡村文化建设的地位应当被高度重视，其在乡村振兴中的多重作用也应当被充分发挥。这需要政府、社会以及每一个居民的共同努力，通过综合施策，形成推动乡村文化发展和保护的强大合力。

一、乡村文化建设的地位

要全面推进乡村的振兴和发展，构建现代化的社会主义乡村，经济建设是基础，政治建设是关键保障，而文化是乡村建设的本质和核心。乡村振兴对中国的现代化发展至关重要，而乡村文化建设在整个乡村发展和现代化过程中占据核心地位，这需要持之以恒的努力和周密的规划。乡村文化建设不仅是实施乡村振兴战略的关键部分，也是构建中国特色社会主义文化的重要内容，同时它也是推动国家现代化进程的重要驱动力。

（一）乡村振兴战略实施的重要内容

习近平在党的十九大首次提出乡村振兴战略，并随着 2018 年"一号文件"的发布开始全面实施。这一战略旨在以习近平新时代中国特色社会主义思想为指导，树立新的发展理念，全面推进农村的经济、政治、文化、社会和生态文明建设以及党的建设，加速推动乡村治理体系和治理能力现代化，以实现乡村的全面振兴发展。乡村文化建设作为战略的核心内容，承担着促进乡村和谐稳定发展的关键角色，并为乡村其他建设领域的发展提供支持，以实现乡村现代化的终极目标，将乡村打造成为居民安居乐业的美丽家园。

乡村文化建设的重要性不仅体现在其直接推动地区文化传承和保护，还在于其对经济发展的促进作用。乡村经济建设是实施乡村振兴战略的物质基础，"乡村振兴，产业兴旺是重点"①，文化建设通过推动经济发展实现乡村产业的繁荣。特色文化产业的开发可以促进经济增长和产业升级，通过形成新的发展理念，构建现代化的农业发展体系。

在政治层面，乡村政治建设为乡村振兴战略提供组织保障，"乡村振兴，治理有效是基础"②。乡村文化建设通过加强政治建设，促进乡村治理的有效性。它有助于巩固中国共产党的执政基础，推动基层民主政权建设，促进乡村治理体系建设，增进邻里关系，营造安定和谐的乡村氛围。

社会建设方面，乡村社会建设为乡村振兴提供社会保障，"乡村振兴，生活富裕是根本"③。通过强化乡村文化建设，可以推动社会建设，从而提高乡村居民的生活水平。加强农村教育，不仅确保每个人的教育权利，还增加就业机会，通过科技提高农业产量，推动基础设施、环境建设和卫生医疗保障建设，改善居民的生活和发展环境。

在生态建设方面，乡村生态建设是战略的生态保障，"乡村振兴，生态宜居是关键"。④ 乡村文化建设通过推动生态建设，鼓励村民积极参与生态环境保护，践行绿水青山就是金山银山的理念，养成资源保护和节约利用的好习惯。

此外，党的建设是战略的政治保障。乡村文化建设通过加强党的建设，提升党的服务能力和组织力，确保党始终保持朝气蓬勃，积极为农民服务，从而推动乡村振兴战略的成功实施。

---

① 中共中央国务院关于实施乡村振兴战略的意见. 北京：人民出版社，2018，第 8 页
② 中共中央国务院关于实施乡村振兴战略的意见 [M]. 北京：人民出版社，2018，第 19 页.
③ 中共中央国务院关于实施乡村振兴战略的意见 [M]. 北京：人民出版社，2018，第 24 页.
④ 中共中央国务院关于实施乡村振兴战略的意见 [M]. 北京：人民出版社，2018，第 13 页.

（二）中国特色社会主义文化建设的重要组成部分

乡村文化是中国文化的重要组成部分，因此，其发展是中国特色社会主义文化建设的关键。文化的繁荣是国家综合实力的重要标志，并且对现代化进程起到了至关重要的作用。若缺少乡村文化的发展，中国特色社会主义文化的繁荣将无从谈起。根据党的十九大报告，中国特色社会主义文化根植于中华优秀传统文化、中国特色革命文化以及社会主义先进文化。虽然报告中未特别强调乡村文化，但实际上，"乡村文化是中国文化的基石"①，并且是其重要组成部分。乡村文化首先是传统文化的摇篮。作为一个历史悠久的农业大国，乡村文化在古代占据了主流地位。即使在现代，许多乡村社区仍然围绕着血缘和宗族关系组织，以传统习俗和观念为支撑，以村规民约为行为规范。因此，乡村文化建设中必须重视对传统乡村文化的保护和传承，深入挖掘其中的优秀思想和道德规范，并且要注重传统村落的保护和利用，以保留乡土记忆和乡愁。

其次，乡村是中国革命文化的发祥地。中国的乡村不仅是革命的摇篮，历史上也长期是革命活动的根据地和主要战场。今天的乡村地区保存着众多革命遗址、英雄故居和纪念馆，这些地方富含革命事迹和故事。在乡村文化建设中，应当充分利用这些资源，积极传承和弘扬坚韧不拔和勇于奋斗的革命精神。

第三，乡村文化同样是社会主义先进文化的重要部分。中国大部分的农业人口和乡村社会的特征至今仍然明显。自建国以来，各级领导高度重视乡村发展，从社会主义改造开始，改革开放的首发地也是乡村。在社会主义建设和马克思主义中国化的进程中，乡村一直是焦点，这里不仅体现了民族和时代精神，还孕育了丰富的实践经验和理论成果。乡村文化建设应当借鉴这些先进文化的引领，强化乡村思想文化阵地的建设，推动现代化文明乡村的形成。

此外，乡村文化也是城市文化的重要补充，城乡文化的互动和交流推动了传统与现代的融合，促进了中华文化的全面繁荣。这种多层次文化的相互促进和共同发展是推动中国文化丰富和繁荣的关键。

（三）我国现代化进程中的重要因素

自改革开放以来，中国正式启动了现代化的发展进程，并制定了三步走的战略规划，

---

① 陈力. 归来拂尘集 [M]. 上海：上海科学技术文献出版社，2016，第555页.

旨在 21 世纪中叶实现中华民族的现代化。过去四十多年，中国在经济、政治和文化各领域都取得了显著成就，中华民族的伟大复兴目标日益接近实现。现代化不仅涵盖经济和政治的现代化，还包括文化的现代化。在这一发展进程中，经济发展是核心，政治民主是保障，而文化发展则是现代化的重要体现。

首先，乡村文化是现代化进程中的关键元素。马克思的唯物史观指出，社会存在决定社会意识，而社会意识也会反作用于社会存在。正是经济、政治、文化、社会和生态等因素的相互作用，推动了社会的全面健康发展。随着现代化进程的加快，我国的文化建设尚未完全跟上经济和政治建设的步伐，尤其是乡村文化建设还未完全满足现代化的发展要求。

其次，乡村问题是中国现代化进程中的重要挑战。农村、农业和农民的发展问题至关重要，实现乡村的振兴发展，解决乡村建设中的问题，乡村文化建设发挥着推动作用。乡村文化建设"为改革开放和现代化建设提供强大的思想保证、精神动力和智力支持"。通过乡村文化建设，可以增强村民的社会主义理想信念，培养爱国情感和集体主义精神，提高民族自豪感和自信心，确立正确的发展观念，为现代化建设提供思想保障。

此外，乡村文化建设能提升村民的道德素质，通过道德和诚信建设，使村民自觉规范行为，强化道德意识和责任感，促进良好的家风和民风，从而为现代化提供精神动力。同时，乡村文化建设通过提升村民文化水平，促进人才振兴，为现代化建设提供智力支持。

最后，乡村文化建设能满足人们对美好生活的期待。通过加强村民的文化、技术和法制教育，满足知识需求；通过繁荣乡村文化生活，加强公共文化服务体系，满足文化需求；通过传承创新乡村传统文化，发展特色文化产业，保护和建设传统乡村，帮助村民留住乡愁，记住乡情。乡村文化建设的这些方面均有助于激发村民的积极性，为现代化建设提供持续的动力。

二、乡村文化建设的作用

乡村振兴战略是中国新时代的关键战略和任务，目标在于全面推动乡村的振兴与发展，加速乡村现代化进程，以支持全面建成小康社会和实现中国的伟大复兴。在这一战略中，乡村文化建设扮演了至关重要的角色。作为乡村振兴战略的核心推动力之一，乡村文化建设对于中国的现代化进程具有多方面的积极影响。

（一）推动乡村经济发展促进乡村产业振兴

乡村产业振兴是实施乡村振兴战略的核心，其中产业繁荣是基本目标，而乡村文化建设在推动乡村经济发展和产业振兴中扮演着重要角色。产业振兴是乡村发展的根基，只有当产业兴旺，农民的收入才能持续增长，乡村经济才能不断壮大。产业的繁荣是乡村一二三产业融合发展的动力，是乡村现代化进程的加速器，也为乡村振兴战略提供了坚实的物质和经济基础。

坚持乡村文化建设，能为乡村产业振兴提供思想保证、精神动力和智力支持，同时，它也是培养高素质人才的重要途径。在乡村文化建设中，深入挖掘和利用优秀的革命文化不仅能激励村民继续发扬革命精神，推动乡村产业振兴，还可以通过发展红色旅游等文化产业来推进乡村经济发展。

此外，乡村文化建设还助力于形成新的发展理念，持续构建现代化的农业生产体系、产业体系和经营体系。通过对传统农耕文化的保护和传承，乡村文化建设也促进了传统文化与现代文明的有效融合，为探索符合中国国情和乡村实际的发展路径提供了文化支撑。

在乡村文化建设的过程中，通过繁荣文化事业、发展乡村特色文化产业、创作优秀的乡村文艺作品，并繁荣乡村文化市场，不仅能够推动乡村文化的发展，还能带来显著的经济效益。因此，在乡村现代化的进程中，持续推动和加强乡村文化建设是促进乡村产业振兴的关键策略。

（二）提高乡村居民素质促进乡村人才振兴

乡村人才振兴构成了乡村振兴战略的基础，是该战略成功的关键因素。强化乡村文化建设是提升乡村居民素质和推动人才振兴的有效途径。在新时代的乡村振兴中，发展多元化的人才是至关重要的，涉及现代化农业、农村电商、旅游开发以及教育等领域。通过加强乡村的文化、道德、技术、法制以及专业教育，我们不仅能够提升农民的整体素质，也能确保乡村振兴所需的人才供应。

此外，通过宣传活动和政策支持，可以有效展示农业和农村的发展潜力，吸引多方面人才到乡村创业。乡村文化建设的活动，如城乡互助、对口支援和人才下乡，不仅为乡村提供必要的智力支持，也促进了广泛的人才交流。推动大学毕业生到乡村工作是另一重要方向，这不仅可以利用他们的知识和技能推动乡村发展，同时也为他们提供了展示才华的平台。

保护和传承乡村传统文化同样至关重要，这涉及到发掘乡村中的老艺人、传统技艺传承人及新兴乡村领袖，他们的作用在于通过传帮带活动传承文化与技能，从而为乡村全面振兴提供强有力的文化支持。总体来看，坚持并推进乡村文化建设是促进乡村人才振兴的有效策略，对于实现乡村的现代化和全面振兴具有不可替代的作用。

（三）推动乡村有效治理促进乡村组织振兴

乡村组织振兴是实施乡村振兴战略的关键组织保障，而有效的治理是其基本要求。通过持续的乡村文化建设，我们可以推动乡村治理的有效性并促进乡村组织的振兴。正如"社会治理是社会建设的重大任务，同时也是国家治理的重要组成部分"所指出的，乡村振兴战略的成功实施和执行，在很大程度上取决于农村基层党组织的能力和乡村治理的质量。强大的组织力和良好的治理直接影响乡村振兴战略的成效。

坚持乡村文化建设能满足村民的文化需求，从而加强中国共产党的执政基础，激励村民在党的领导下积极参与乡村振兴。此外，乡村文化建设有助于推动乡村治理体系的建设，通过提升村民的教育水平增强其自治意识，通过法制教育提高其法治观念，以及通过思想道德教育增强自我约束和自律意识，从而促进自治、法治和德治的有机结合，确保乡村社会充满活力且和谐有序。

乡村文化建设还能提升整个社会的文明程度，通过强化家风建设改善家庭关系，通过民风建设增进邻里关系的和谐，以及通过乡风建设优化社会关系，为乡村治理创造一个安定和谐的环境。综上所述，在乡村现代化进程中，持续推进乡村文化建设对于促进乡村组织的振兴发挥着至关重要的作用。

（四）有助美丽乡村建设促进乡村生态振兴

乡村生态振兴是乡村振兴战略中的重要组成部分，而创建一个生态宜居的环境是其核心目标。坚持乡村文化建设是推进美丽乡村建设和生态振兴的有效途径。正如习近平总书记所强调的，"绿水青山就是金山银山"，这表明优良的生态环境是农村最宝贵的资产。习近平总书记还指出，我们必须"正确处理经济发展与生态环境保护的关系，牢固树立保护生态环境即是保护生产力、改善生态环境即是发展生产力的理念，更加自觉地推动绿色发展。"

通过不断加强乡村文化建设，我们可以帮助人们树立新的发展观念，积极实践"绿水青山就是金山银山"的理念。这不仅涉及遵守环境治理的规章制度，还包括积极参与改善和完善农村基础设施，如"厕所革命"，以及认真执行环境整治行动计划。乡村文化建设的推动还可以激励村民在资源保护和节约利用上下功夫，比如实施耕地轮作休耕和高效节水农业等措施，优化农村资源的配置和使用。

此外，乡村文化建设也促进村民在农业生产中采用现代生产技术和管理理念，生产更多的绿色环保产品，合理开发原生态资源，以此推动农业经济的健康和可持续发展。总而言之，在乡村现代化进程中，持续加强和推动乡村文化建设不仅能有效促进乡村生态的振兴，也为整个乡村振兴战略的成功实施提供了坚实的文化和生态基础。

（五）推动文明乡村建设促进乡村文化振兴

乡村文化振兴是乡村振兴战略的核心部分，而乡风文明是其基本要求。坚持乡村文化建设是推动这一过程的关键。2018年中央"一号文件"《关于实施乡村振兴战略的意见》明确提出，乡村振兴策略的一个重要方面是"提升农民精神风貌，培育文明乡风、良好家风、淳朴民风，不断提高乡村社会文明程度。"因此，高度重视乡村文化的振兴是实现乡村振兴战略的必要条件。

坚持乡村文化建设有助于强化马克思主义文化建设理念，明确乡村文化发展的方向，并引导村民培育和践行社会主义核心价值观。通过加强基础教育、成人教育、技术教育和法制教育，乡村文化建设能提升农民的科学和文化素质，为乡村建设提供必要的智力支持。

此外，乡村文化建设还能加强农民的思想道德建设，提升他们的精神风貌和社会文明程度，促使村民形成自觉、自律和自立的良好习惯。这种建设还涉及传承和发展农村的优秀传统文化，挖掘乡村社会的合理价值，保留乡愁，同时促进传统文化与现代文化的融合发展。

加强乡村公共文化建设和完善乡村公共文化服务体系，通过深入推进文化惠民工程，开展多样化的文化活动，不仅能繁荣乡村文化市场，还能推动乡村特色文化产业的建设，满足农民的文化需求。此外，乡村文化建设可以促进移风易俗，引导村民自觉抵制封建迷信和赌博等不良习惯，积极参与科普宣传和文明创建评比活动，促进文明乡风的形成。

总的来说，通过持续的乡村文化建设，可以有效提升农民的整体素质，促进家风、民风、乡风的建设，从而有效推动乡村文化的全面振兴。

第三节　乡村文化建设的主体

乡村文化建设不仅是文化遗产的保护和传承，它也是推动乡村振兴和现代化进程的关键因素。这一过程涉及到复兴和保护乡村的传统艺术、习俗、语言和节庆活动，同时也包括促进农村社区的社会和经济发展。通过乡村文化建设，可以增强农村地区的吸引力，提高居民的生活质量，并激发乡村的创新潜力和经济活力。这些活动有助于提升居民的文化认同感和归属感，加强社区凝聚力，从而为乡村的可持续发展提供强有力的社会基础。

乡村文化建设的主体包括政府、社区、企业和非政府组织。这些参与者各执其职，共同推动乡村文化的复兴。政府主要负责制定政策、提供资金支持和监督实施；社区则是乡村文化建设的直接受益者和积极参与者，通过组织各种文化活动和节庆庆典来保护和传承地方文化；企业和非政府组织则可以提供必要的资源和专业知识，帮助设计和实施具体的文化项目，同时还可以通过商业模式创新帮助传统文化找到适应现代社会的发展方式。这些主体的共同努力是推动乡村文化建设成功的关键。

一、政府作为主体的角色

政府在乡村文化建设中扮演着至关重要的角色，通过策略制定与政策支持、资金与资源分配以及法律保护与监管，确保乡村文化的保护与发展得到有效推进。

（一）策略制定与政策支持

政府在促进乡村文化的保护与发展方面起着决定性的作用，通过策略制定与政策支持，确保文化资产得到适当的关注和资源。为了实现这一目标，政府部门不仅制定了一系列政策工具，而且还设立了具体的计划和激励措施以保护和振兴乡村文化。

首先，政府可以设立文化振兴计划，这些计划专门旨在保护和推广乡村的独特文化遗产。这包括资助修复历史建筑、保护重要的自然景观，以及振兴当地的民俗和艺术表现形式。通过这些计划，政府致力于为乡村地区的文化保护和发展提供必要的结构性支持。

其次，政府推出的文化遗产保存项目专注于维护和恢复那些具有历史意义的文化标志，如古迹、艺术品和其他重要的文化表达。这些项目往往配备专门的资金和专业知识，确保文化遗产得到科学和系统的保护。

除了直接的文化项目支持外，政府还通过制定促进地方文化艺术复兴的激励措施来鼓励和引导私人及非政府部门的参与。这可能包括减税、提供低息贷款或其他财政激励，旨在吸引更多的投资进入文化产业。这类政策不仅帮助保护和传承文化，还能刺激当地经济发展，通过创造就业机会和促进旅游业来增强经济活力。

例如，政府可能会推出专项资金来支持那些致力于复兴乡村传统工艺的项目，这些资金可以帮助购买原料、改善工作场所或提供必要的技术培训。同样，政府也可能为举办乡村文化活动提供补贴，如传统节庆和表演艺术，这些活动不仅丰富了当地社区的文化生活，还吸引了游客和其他访客，带动了相关的经济效益。

通过这些综合策略和政策支持，政府为乡村文化的保护和振兴提供了坚实的基础，确保文化遗产得以传承，同时也促进了乡村地区的整体社会经济发展。

（二）资金与资源分配

政府在乡村文化建设中扮演着至关重要的资金和资源提供者的角色，这不仅包括直接的财政支出，还涵盖了各种非财务资源的提供，这些都是推动乡村文化保护和振兴的基础。

1. 直接的资金投入

政府的财政支持通常直接用于建设或改善文化基础设施，这些基础设施如博物馆、图书馆和文化中心，是乡村文化活动举办和文化资产展示的重要场所。例如，政府可能会投资建设一个新的博物馆来展示地区的历史和文化，或者翻新一个老图书馆，使之能更好地为公众服务。这些设施不仅提升了乡村地区的文化吸引力，也成为了当地社区文化生活的中心。

此外，政府还可能资助各类文化节目和活动的举办，这些活动如音乐节、艺术展览和传统节庆，旨在保持和弘扬地区的文化特色，增强社区成员之间的联系，同时吸引外来游客，带动当地经济。对文化遗产保护项目的资助也是政府资金投入的重要方面，这包括对古建筑的修复、传统艺术的保存等，保证了文化遗产得以安全传承至未来世代。

2. 提供非财务资源

除了财政资金，政府还可能提供各种非财务资源以支持乡村文化的发展。这些资源包括专业培训、咨询服务和技术支持等。例如，政府可能会举办培训课程，教授乡村地区的居民如何管理和运营文化设施，或如何有效地保存和传承传统技艺。通过这些培训，乡村居民不仅提升了自己的能力，也为维护和发展当地文化做出了贡献。

技术支持也是政府提供的重要资源之一，包括提供用于文化资料数字化的设备和软件，或支持通过现代信息技术将乡村文化推广到更广泛的听众。这种技术的应用使得乡村文化能够跨越地理界限，被全国乃至全球的人们所了解和欣赏。

总的来说，政府在乡村文化建设中的资金与资源分配确保了文化资产的保护、传承和活化，为乡村地区的文化及经济发展提供了坚实的支持。这种综合的支持策略不仅增强了乡村地区的文化韧性，也促进了更广泛的社会和经济效益。

（三）法律保护与监管

为了有效保护乡村文化遗产，政府采取了一系列具体的法律和监管措施。这些法规的制定和执行至关重要，不仅涵盖了物质文化遗产的保护，例如古建筑、艺术品和历史文物，也延伸到了非物质文化遗产，如地方民俗、传统技艺和仪式等的保护。

1. 法律保护

政府为防止非法交易和破坏文化资产，制定了严格的法律框架。例如，对于文化遗产的任何形式的商业利用，都必须得到相应的文化部门审批，确保活动不会对文化遗产的原始状态造成损害。此外，法律中还明确禁止未经授权的修复活动，以及对文化遗址的任何形式的商业开发，确保所有活动都在专业指导和法律规范下进行。

2. 监管措施

政府还通过各级文化遗产管理机构来监管市场，确保文化商品的生产和销售活动不会损害文化的真实性和完整性。这包括对文化商品的原材料来源、生产过程和销售方式进行严格的检查和监控。对于侵犯知识产权、伪造或歪曲文化产品的行为，政府采取了严厉的法律制裁措施，以维护文化市场的正常秩序和文化资产的真实价值。

3. 国际合作

在国际层面，政府积极参与全球文化遗产保护的国际合作和对话。加入如联合国教科文组织（UNESCO）等国际协议和组织，参与全球文化遗产的保护工作。这种国际合作不仅有助于分享最佳保护实践和技术，也增强了国际社会对我国乡村文化遗产价值的认识和尊重。

总之，政府在乡村文化建设中的角色是多方面的，涵盖从政策制定到资金支持，再到法律保护与监管的各个层面。通过这些综合措施，政府不仅保护了文化遗产，也为乡村文化的长远发展奠定了坚实的基础。

二、社区与个人作为主体的角色

社区和个人在乡村文化建设中起着至关重要的作用，通过动员和实施文化项目、居民的积极参与，以及社区领袖与文化传播者的引导，共同推动乡村文化的繁荣与传承。

(一) 社区组织的动员与实施

乡村社区组织在推动文化建设项目中起到了核心作用，这些组织通过策划和管理一系列文化活动，有效地促进了文化的保护和传承。村委会、非政府组织、文化协会等，都积极参与到这一过程中，确保乡村文化的活力和多样性得到充分展现。

1. 动员社区资源

社区组织的首要任务是动员和整合可用资源，以支持各类文化活动的开展。这包括为节日庆典、工艺展览、文化竞赛和传统表演等提供必要的场地、资金和人力。例如，村委会可能会利用公共场所如社区中心或学校，举办传统节日活动或工艺教学，这不仅有助于保存传统技能，也加强了社区成员之间的联系。同时，社区组织通过筹集资金、招募志愿者和组织专业人士，确保每项活动都能顺利进行。

2. 项目支持申请

除了内部资源的整合，社区组织还承担着向更高级别政府机构申请支持的职责。这包括为特定的文化项目或活动申请资金支持、技术援助或政策便利。通过编制详尽的项目提案，社区组织能够为政府提供活动的社会和文化益处的清晰展示，增加获得支持的可能性。这种外部支持对于一些资源密集或需要特殊技能的项目尤为重要，如古建筑的修复或大型文化节的举办。

3. 建立合作关系

社区组织在建立和维护与其他社区或组织的合作关系中也起着关键作用。通过与邻近村庄的文化组织共享资源，或与专业机构如大学、艺术学院合作，社区组织可以扩大其文化项目的影响力并提升活动的质量。此外，这些合作关系有助于交流新的想法和最佳实践，增强乡村文化项目的创新性和实用性。

总之，乡村社区组织通过有效的资源动员、积极的项目支持申请和广泛的合作网络，为乡村文化的保护、传承和创新发展发挥着不可替代的作用。这些努力确保了文化活动的持续举办和文化遗产的活跃传播，同时也促进了社区成员的文化参与和文化认同感的提升。

（二）居民的参与与贡献

乡村居民是乡村文化传承和活动参与的核心力量。他们不仅是文化活动的参与者，也是文化传统的传承者。居民通过参与传统节日、民俗表演和其他文化活动，有助于保持乡村文化的活力和连续性。这种参与不仅仅限于表面的活动，还包括在这些活动中扮演各种角色，如策划、组织甚至是创新传统形式，使之更加符合现代社会的需求。

居民们通过日常实践，如传统农业技术、手工艺品制作和本地美食的准备，有助于保持和发展乡村的文化独特性。这些活动不仅仅是文化遗产的一个部分，它们也支持了乡村经济的可持续发展，提高了乡村生活的质量。居民们在传承文化的同时，也在创造新的经济机会，如通过将传统手工艺品市场化，或将本地美食推广到更广泛的市场。

他们的个人经验和知识是乡村文化不可或缺的部分，对于教育新一代和吸引外来访客尤为重要。乡村居民通过将他们的生活方式、技能和故事分享给年轻人和游客，不仅有助于文化的传承，也增加了社区的凝聚力。此外，这种文化的展示对于提升乡村的吸引力，促进旅游和其他形式的经济发展至关重要。

总之，乡村居民通过各种方式积极参与和贡献他们的文化，这种动态的参与和创造过程不仅保持了乡村文化的传统连续性，也为其带来了新的活力和发展可能。通过这样的努力，乡村社区能够在全球化的影响下保持其独特性和吸引力。

（三）社区领袖与文化传播者的影响

社区领袖和文化工作者在推广和保存乡村文化中扮演着关键角色。这些个体通常具有较高的社会地位和影响力，能够有效地引导和激励社区成员参与文化建设活动。社区领袖如村长或社区长老，他们的支持和参与可以提高文化活动的可见度和参与度，加强社区内的文化认同感。他们不仅通过组织文化节日和庆典活动来促进社区的凝聚力，还能通过倡导文化教育项目来增强居民对传统价值的认同。

同时，文化传播者如民间艺人、手工艺人和文化学者，则通过教育和展示活动，将传统知识和技能传授给更广泛的群体，确保乡村文化的持续发展。这些文化传播者利用工作坊、讲座和展览等形式，向公众介绍手工艺技术、民族音乐、舞蹈和地方历史，这不仅增加了文化活动的多样性，也帮助年轻一代更深入地理解和欣赏他们的文化遗产。

文化传播者和社区领袖之间的合作对于乡村文化的保存与传承至关重要。例如，当地领导人可以提供资源和平台，文化艺术家则负责内容的创造和传递。此外，这种合作还能促进社区的包容性，为不同背景的人们提供参与文化活动的机会，从而增强社区的多元文化交流。

通过这种多方面的努力，社区领袖和文化传播者共同推动了乡村文化的活力，使之不仅仅是历史的回顾，而是活生生的实践，对于当前和未来的社区成员都具有深远的影响。

三、企业与非政府组织的角色

企业和非政府组织（NGOs）在乡村文化建设中扮演着越来越重要的角色。他们通过实施企业社会责任（CSR）项目、提供专业知识和资源以及与政府的公私合营（PPP）模式合作，有效推动了乡村文化的保护和发展。

（一）企业的责任与贡献

企业通过实施CSR（企业社会责任）项目直接参与乡村文化的保护与振兴。许多企业认识到，支持乡村文化不仅是履行社会责任的一部分，也有助于建立企业的良好公共形象和提升品牌价值。企业可以通过资助文化活动、修复文化遗迹或支持传统手工艺人的方式参与乡村文化建设。例如，一些企业可能会资助乡村的传统节日活动或者支持乡村艺术展览，这些活动有助于增强社区的凝聚力同时也传承了地方文化。

此外，企业还可以通过与地方教育机构合作，开发以乡村文化为基础的教育项目，如学校课程和教师培训，来进一步深化其对乡村文化的支持。这些教育倡议不仅有助于年轻一代更好地了解并骄傲自己的文化遗产，同时也激发他们对保护和发展乡村文化的兴趣和责任感。

企业的这些努力还可以扩展到支持乡村旅游发展，如投资于基础设施改善或提供营销和管理培训给当地的小型企业和手工艺人。通过这些方式，企业不仅帮助保护文化遗产，还通过创造就业机会和提高当地居民的生活标准来促进经济的可持续发展。

总之，企业在乡村文化保护和振兴中的角色是多方面的，从资助和组织文化活动到投资教育和旅游项目，企业的每一个举措都对促进乡村文化的长期可持续发展具有重要意义。这不仅反映了企业对社会责任的认真态度，也为其自身建立了积极的社会形象。

（二）非政府组织的支持与合作

非政府组织在乡村文化建设中提供了专业知识和网络资源，这些资源对于文化项目的成功实施至关重要。NGOs通常在项目规划、管理和执行方面具有丰富经验，它们可以帮助乡村社区识别文化资产、制定保护计划并实施具体项目。此外，非政府组织在推动社区参与、提升公众意识方面也发挥着重要作用。它们通过教育和培训活动，提升当地居民对文化遗产重要性的认识，并激发他们参与保护和传承的热情。

非政府组织利用其广泛的国内外网络，为乡村文化项目引入国际视野和经验，例如通过与其他国家的文化保护项目合作，引入新的保护技术和管理方法。这种国际合作不仅提升了项目的效果，也增强了文化交流和理解。

此外，非政府组织还经常作为乡村社区和政府、企业之间的桥梁，协调不同利益方的需求和资源。它们通过组织研讨会、公开讲座和社区活动，促进各方面的对话和合作，从而推动文化保护工作的深入开展。

非政府组织在紧急文化保护行动中也扮演着不可或缺的角色。在面对文化遗址受威胁或自然灾害等紧急情况时，它们能迅速动员资源和专业知识，进行必要的保护和修复工作，确保文化遗产得以安全和恢复。

通过这些多层次的努力，非政府组织不仅强化了乡村文化的保护和振兴，也提升了社区居民的生活质量和文化自豪感，真正实现了文化遗产的可持续发展和传承。

总之，企业和非政府组织在乡村文化建设中的参与和贡献是多方面的。他们不仅支持乡村文化的具体项目，也通过创新的合作模式与政府及社区合作，共同推动乡村文化的长期发展和繁荣。

四、教育机构的作用

教育机构在乡村文化振兴中扮演着关键角色，通过提供教育和研究支持，帮助保护和发展乡村文化。他们的参与不仅局限于传统的教育模式，还包括与社区的合作，以及在文化保存和推广方面的研究和发展活动。

（一）学校教育的角色

学校是乡村文化传承和推广的主要阵地。从小学到高中，学校可以通过整合本地文化元素到课程中来教育学生关于当地的历史、艺术、民俗和传统。例如，学校可以组织学生参与本地传统节日的庆祝活动，或者安排学生学习和练习传统手工艺如编织、陶艺等。此外，学校也可以通过举办文化日活动、组织学生参观本地博物馆或历史遗址，以及邀请本地艺术家和手工艺人到学校来进行现场教学，使学生能够直观地了解和体验乡村文化。

学校还可以通过课外活动和社团组织进一步深化学生对乡村文化的理解和参与。比如，建立民俗舞蹈团、传统音乐队和手工艺社团，让学生在兴趣驱动下学习并实践文化传统。这种方式不仅能提高学生的文化素养，还能促进他们的创造力和团队协作能力。

学校在教学方法上也可以进行创新，比如采用项目式学习（Project-Based Learning）让学生围绕一个特定的文化主题进行深入研究，从而增强学习的实践性和探索性。这样的学习方式可以让学生从多角度理解文化的重要性，并鼓励他们思考如何在现代社会中保护和发展自己的文化遗产。

教师的角色也至关重要，他们不仅是知识的传递者，更是文化传承的桥梁。教师可以通过自己的研究和学习，不断更新和丰富教学内容，使其更加符合时代发展的需求。同时，教师也可以与社区和家长密切合作，共同创建一个支持文化教育的环境，增强学校教育的社区联系和文化影响力。

总之，通过这些多元和层次的措施，学校不仅能教育学生了解和尊重自己的文化，还能激发他们主动参与乡村文化的传承和创新，为文化的持续发展贡献力量。

（二）研究与发展

高等教育机构和研究机构在乡村文化的保护和发展中发挥着重要作用。大学和研究所可以开展针对乡村文化的学术研究，探索乡村文化的历史价值和现代应用。这些机构通过开展田野调查，收集和分析乡村文化的数据，帮助构建更全面的文化保护政策和发展策略。同时，这些研究成果可以为政府和社区提供决策支持，推动乡村文化的可持续发展。

此外，高等教育机构和研究机构能够通过跨学科合作增强研究的深度和广度，结合社会学、人类学、历史学和艺术学等多个领域的视角。例如，通过与生态学家合作，研究人员可以探讨乡村文化与当地生态系统之间的相互影响，以及如何在保护文化的同时也保护自然环境。

这些研究成果不仅能够促进学术界对乡村文化的认识，还可以通过公开讲座、工作坊和出版物等形式，向公众传播乡村文化的重要性。这种知识的普及对于激发公众参与文化保护工作具有重要意义，特别是在年轻一代中提升对传统文化的兴趣和责任感。

高等教育机构还可以利用其资源和网络，为乡村地区提供实际帮助，例如通过学生和教师的社会实践项目直接参与乡村社区的文化活动，从而将理论知识转化为实际行动。这些项目不仅为学生提供了实践学习的机会，也为乡村社区带来了新的视角和发展机遇。

最终，这些合作和研究项目有助于制定出更具前瞻性和实用性的文化保护政策，确保乡村文化遗产得以恰当保护并顺应时代发展的需求。这种科学的方法论和实证研究的应用，为乡村文化的持续生机提供了坚实的基础和明确的方向。

（三）教育合作与社区服务

教育机构与社区的合作是实现教育资源共享和文化实际应用的有效方式。通过建立合作关系，学校可以将教育资源带到社区中，如通过设立社区学习中心，提供成人教育课程，或者开展社区文化活动。这种合作不仅促进了文化的传播和交流，还增强了社区成员对本地文化的认知和自豪感。此外，通过组织学生参与社区服务项目，如乡村清洁、文化节活动筹备等，学校可以加强学生的社会责任感，同时使他们在实际活动中学习和体验乡村文化。

此外，教育机构与社区合作的模式也可以拓展到课程设计和教学方法的创新。例如，学校可以与本地艺术家和手工艺人合作，开发一系列以乡村文化为主题的项目式学习课程，使学生能够在制作传统工艺品或参与地方剧目演出的过程中，深入理解和欣赏本地文化。这种实践性学习不仅提升了学生的创造力和团队协作技能，也让文化教育与社区发展紧密连接。

教育机构还可以通过定期组织文化交流活动，如文化展览、民俗表演和讲座等，为社区成员和学生提供一个共同参与和学习的平台。这些活动可以增强社区内不同年龄群体之间的互动，同时提供一个展示乡村文化独特魅力的窗口。

通过这些教育合作与社区服务项目，教育机构不仅为学生提供了一个全面了解和参与乡村文化的机会，也助力于建设更为团结和活跃的社区。长期来看，这种合作模式有助于培养出一代又一代既了解传统又具备现代视野的公民，为乡村文化的传承与发展提供坚实的基础。

五、媒体和技术的应用

媒体和现代科技工具在乡村文化的保护、传播和振兴中发挥着至关重要的作用。通过有效地利用这些资源，可以极大地扩展乡村文化的影响力和可及性，同时也能增强公众对乡村文化价值的认识。

（一）媒体的推广作用

传统媒体（如电视、广播和报纸）和新媒体（如社交平台、博客和在线视频）都在乡村文化的宣传和教育中扮演着桥梁的角色。传统媒体凭借其广泛的覆盖和深入人心的影响力，能够将乡村文化的信息传递给广大的观众群体。例如，电视纪录片和广播节目可以详细介绍地方的历史、文化遗产和传统习俗，激发全国范围内的兴趣和尊重。

与此同时，新媒体提供了更为动态和互动的方式来推广乡村文化。社交媒体平台允许用户分享自己的文化体验，通过视频、照片和故事，这些平台使得乡村文化能够触及更年轻的观众，并在全球范围内传播。此外，新媒体工具也支持即时反馈和讨论，增强了观众的参与感和交流。

此外，媒体的这种推广作用还表现在其能够连接不同地区和文化的能力上。例如，通过特定的节目和活动，媒体能够促进城市与乡村之间的文化交流，提升对乡村地区的理解和关注。节目可以展示乡村地区在保持传统的同时如何适应现代化，反映乡村社区的创新和活力。

传统媒体和新媒体的结合使用，可以形成一个多层次、多角度展示乡村文化的立体平台。例如，一档电视节目可以通过其在线渠道延伸观众互动，通过社交媒体进行观众问答，或者通过网络直播让观众实时参与到节目中。这样的策略不仅增加了节目的覆盖范围，也使得观众能够更深入地了解和体验乡村文化的独特之处。

最终，通过各种媒体的协同作用，可以建立起一个持久而有效的乡村文化推广网络，不仅促进文化的保存和传承，还激发了公众对乡村文化价值的新认识和尊重，为乡村文化的长远发展注入新的活力。

（二）科技工具的支持

现代科技工具在记录、保护和传播乡村文化方面提供了极大的支持。数字化技术使得我们能够保存文化资产的电子副本，保护这些资料不受物理条件变化的影响。例如，通过高清扫描和3D建模技术，古老的文物和艺术品可以被精确地复制和保存，公众甚至可以通过虚拟现实（VR）技术在线上虚拟博物馆中欣赏这些展品。

除此之外，信息和通信技术（ICT）在传播乡村文化方面也显示了巨大的潜力。互联网和移动设备使得从任何地方获取关于乡村文化的信息变得可能，从而帮助全球观众更容易地接触和理解这些文化。此外，人工智能和大数据分析也被用于分析文化趋势和观众的兴趣，从而更有效地设计文化推广策略。

这些科技工具还为乡村文化的创新应用提供了平台。例如，通过增强现实（AR）技术，用户可以在自己的手机或平板电脑上看到古代艺术品或文化遗址的历史背景和详细信息，这种互动体验不仅教育意义重大，还提高了用户的参与感和满意度。同时，社交媒体平台和博客等可以使当地居民和艺术家分享他们的文化故事和艺术作品，这不仅保留了文化的原生态，还扩大了其影响力。

进一步地，智能技术如机器学习可以帮助研究者识别和分类大量的文化数据，从而揭示文化变迁的模式和影响因素。这些分析结果可以为制定文化保护政策和振兴计划提供科学依据，确保文化传承活动的针对性和有效性。

综上所述，媒体和技术的结合不仅增强了乡村文化的保护和教育工作，也为乡村文化的全球传播和现代化提供了新的机遇。这些工具的运用极大地扩展了乡村文化的影响力，使其能够在全球化的世界中保持生机和活力。

第四章　乡村文化与乡村经济发展

在当前的全球化与城市化浪潮中，乡村地区面临着前所未有的挑战和机遇。乡村文化，作为地区传统和身份的核心，不仅承载着历史的痕迹，也蕴藏着巨大的经济潜力。随着社会对可持续发展和文化多样性的重视日益增加，乡村文化的保护和振兴已成为推动经济发展的关键策略之一。乡村文化的活化不仅是对过去的保存，更是对未来的一种投资。通过保护历史遗址、振兴传统手工艺、保持和发展本土艺术，乡村地区能够增强其文化资本，从而吸引游客和投资者，创造就业机会，提高地区的经济活力。此外，活化乡村文化也有助于加强社区的凝聚力和居民的自豪感，为社区带来更广泛的社会经济效益。

第一节　乡村文化与旅游业的融合

旅游业，作为当今世界最大的行业之一，对于乡村地区尤其具有重要意义。它不仅有助于创造就业和促进地方经济发展，还提供了一种机会，使外界能够理解和欣赏这些地区的独特文化和自然景观。当乡村旅游得到妥善管理时，它可以成为促进可持续发展的重要工具，提高当地居民的生活水平，同时保护和传承珍贵的文化遗产。

将乡村文化与旅游业融合，意味着通过旅游活动的设计和推广，使得乡村的文化特色能够得到充分的展现和利用。这种融合不仅有助于保护传统文化免受忽视和遗忘，还能激活乡村地区的经济，吸引更多的关注和投资。通过旅游业，乡村文化得以跨越地理和文化的界限，触及更广泛的公众，从而增强了这些地区的吸引力和竞争力。

综上所述，乡村文化与旅游业的融合不仅是经济发展的策略，更是一种文化自觉，它要求我们在推动经济利益的同时，也要坚持文化的可持续性和尊重性。这一点在今后乡村地区的发展策略中将越来越显得重要。

一、乡村文化的价值与旅游潜力

乡村文化，以其丰富多彩的传统、艺术、手工艺、习俗和建筑等组成元素，构成了一个地区的文化底蕴和社会身份的核心。这些元素不仅反映了一个社区的历史和生活方式，也是连结过去与现在的桥梁。乡村文化的独特性和鲜明个性使其成为旅游发展的重要资源，具有巨大的吸引力和潜在的经济价值。

（一）乡村文化的组成元素

乡村文化的组成元素广泛而深厚，体现了一个地区的历史深度和文化多样性。这些元素包括但不限于以下几个方面：

（1）传统：乡村地区的传统是一种跨世代的文化传递方式。当地的节日庆典、仪式和风俗习惯不仅仅是社区活动，它们往往蕴含着世代相传的故事和意义。例如，每年的收获节、冬至庆典或是春季的种植仪式，这些都是社区成员共同庆祝其生活与自然循环的方式，同时也是强化社区联结和身份认同的重要场合。

（2）艺术：乡村地区的艺术表现形式多种多样，从民间音乐、舞蹈、戏剧到视觉艺术，每一种艺术都是当地人民创造力和美学观念的体现。这些艺术作品不仅为观众提供美的享受，也承载着教育与传承的功能。例如，通过歌谣和舞蹈，长者们将历史故事和生活智慧传授给年轻一代。

（3）手工艺：手工艺是乡村文化的重要组成部分，涉及陶瓷制作、编织、木工和金属工艺等。这些技艺不仅仅是生计手段，更是文化传承的重要方式。手工艺人通过使用传统技术和本地材料，创作出独具地方特色的商品，这些作品在市场上往往具有独特的文化价值和经济价值。

（4）习俗：乡村地区的日常生活习俗，如饮食习惯、农耕方式和社会互动，深刻地影响着社区成员的行为和价值观。这些习俗不仅定义了一个地区的生活节奏，也反映了对环境的适应方式和对传统的尊重。

（5）建筑：乡村建筑风格不仅展示了地区的建筑技术，也反映了该地区的历史和自然环境的适应性。从古老的教堂到传统的农舍，这些建筑物本身就是时间的见证者，讲述着地区的发展故事。

通过深入了解这些文化元素，我们可以更好地理解乡村社区的内在价值和外在表达，这对于推动文化的保护和旅游的开发至关重要。

（二）乡村文化对旅游吸引力的贡献

乡村文化显著增强了旅游的吸引力，这主要表现在以下几个方面：

（1）文化真实性：随着游客对更加真实和未经修饰的文化体验的需求增加，乡村地区成为了探索原始和非商业化文化的理想场所。这些地区提供了一窥传统生活和文化实践的机会，让游客能够直接接触并体验地道的乡土风情。

（2）教育价值：乡村文化之所以吸引游客，还在于其能提供丰富的教育机会。这些地区通常保存着丰富的传统技艺和历史知识，为游客提供了学习和体验不同文化背景下生活方式的机会。对于那些渴望深入了解当地历史和手工艺技术的游客来说，这是一个不可多得的学习场所。

（3）逃离现代生活：乡村文化为生活在快节奏城市中的人们提供了一种逃离现代生活压力的方式。这种文化背景下的慢生活模式为寻求精神宁静和自然美景的游客提供了理想的避难所。在乡村，游客可以暂时放慢生活节奏，享受宁静与自然的和谐。

这些特点使得乡村文化不仅为游客提供了一个远离都市喧嚣的心灵栖息地，还为他们提供了深入了解和体验一个地区文化真实性的机会。例如，意大利的托斯卡纳地区，以其悠久的葡萄酒文化和传统农耕方式吸引了大量游客。游客不仅可以参与葡萄酒的酿造过程，还能享受到当地的食物和传统节日。又如，日本的京都，以保存完好的传统茶道和花道吸引了众多寻求深入日本文化体验的游客。这些活动不仅让游客深入了解当地文化，还促进了当地经济的发展。

二、乡村旅游业的发展模式

乡村旅游作为一种独特的旅游形式，已经成为促进乡村地区经济和文化发展的重要方式。根据旅游活动的内容和目的，乡村旅游可以分为多种模式，包括生态旅游、文化体验旅游、农业旅游等。这些模式各有其特点，并对当地的经济和社会产生不同的影响。

（一）乡村旅游模式

1. 生态旅游

生态旅游是一种可持续的旅游形式，其核心在于在享受自然美景的同时，保护环境并促进当地社区的可持续发展。这种旅游模式通常涉及对自然保护区的探访，包括鸟类观察、野生动植物的观赏以及参与环保活动。例如，游客可能会参加由专业生态向导带领的徒步旅行，探索独特的生态系统，同时学习如何减少对自然环境的影响。生态旅游不仅鼓励游客尊重自然和野生生物，还强调了解和参与当地的环境保护项目，例如参与清洁海滩或植树造林活动，这些都是推动生态旅游目的地可持续发展的重要活动。

2. 文化体验旅游

文化体验旅游提供了一种深入了解和体验当地文化和生活方式的机会。这种模式不仅限于参观博物馆和历史遗迹，更包括参与当地的文化活动，如节庆、音乐会、舞蹈表演以及手工艺工作坊。例如，游客可能会在当地艺术家的指导下学习制作传统陶瓷或编织技术，或是参与当地的传统节庆，如穿着传统服装参加一个村庄的年度庆典。这种互动性的文化体验不仅丰富了游客的旅行经历，也帮助了当地社区保护其文化遗产并从中获得经济利益。

3. 农业旅游

农业旅游是一种将旅游活动与农业生产过程相结合的模式，通过这种方式，游客可以直接参与到农作物的种植、收获以及农产品的加工过程中。这不仅为游客提供了了解食物来源和农业生产的机会，也使他们能够体验真实的农村生活。农业旅游活动可能包括采摘水果、参与制作乳制品的工作坊、或是在农场上帮忙喂养动物。此外，这种模式还为农民提供了通过旅游增加收入的机会，同时也教育游客关于可持续农业的重要性。

通过这些乡村旅游模式，不仅可以增强游客的体验深度，也有助于推动当地经济的发展和文化的保护，实现文化遗产与自然资源的可持续利用。

（二）乡村旅游模式的经济和社会效益

1. 生态旅游

生态旅游通过吸引国内外游客到访自然保护区，不仅增加了游客消费，还创造了多样的就业机会。这包括向导服务、住宿、餐饮以及与旅游相关的运输服务。此外，生态旅游还促进了当地手工艺品和自然产品的销售，如野生草药和生态友好型纪念品。

生态旅游强调对自然环境的尊重和保护，提高了游客和当地社区对环境保护的意识。通过参与保护活动，如清洁行动和自然教育项目，游客和居民学习如何维护自己居住的环境，同时这些活动帮助保护了当地的自然资源和生物多样性。

2. 文化体验旅游

文化体验旅游通过展示当地的艺术和手工艺，促进了文化商品的销售，为当地艺术家和工匠提供了经济支持。这种旅游模式也促进了相关服务业的发展，包括文化向导服务、文化体验工作坊以及文化主题的住宿和餐饮业。

通过让游客深入体验当地文化，文化体验旅游加强了游客对该地区文化的认同感，同时增强了社区成员的自豪感和凝聚力。社区居民参与展示自己的文化和传统，有助于传承文化遗产并强化社区内部的联系。

3. 农业旅游

农业旅游为农民提供了新的收入来源，通过向游客出售农产品和提供农场体验活动，增加了农民的直接收益。此外，这种模式也促进了农村地区小规模企业的发展，如农家乐、当地食品加工和农业相关的旅游服务。

农业旅游提供了一个教育平台，让公众了解食物的来源和农业生产的重要性。这种互动促进了游客对可持续农业的理解，同时增加了对农业社区的尊重和支持。农民与游客的直接交流有助于教育公众关于环境保护和食品安全的知识。

通过这些旅游模式，乡村地区能够实现经济发展的同时，保护和传承其独有的文化和自然资源，促进社会和谐与环境保护。

（三）实施乡村旅游业的关键因素

成功实施乡村旅游业的确需要综合考虑多种因素，以确保旅游活动的可持续性与有效性。以下是这些因素的详细扩展：

1. 基础设施建设

建设完善的基础设施是吸引游客的基本前提。这包括高效便捷的交通系统，使游客能够轻松到达乡村地区，以及提供舒适的住宿设施，确保游客在访问期间的满意度。此外，旅游服务设施如餐饮、信息中心、卫生设施和无障碍设施也必须得到妥善安排。通过改善这些基础服务，可以显著提升游客的整体体验，增加乡村地区的吸引力。

2. 市场营销和品牌建设

发展乡村旅游业还需实施有效的市场营销策略和品牌建设。这包括识别目标市场，了解潜在游客的需求和偏好，并通过适当的广告、社交媒体和公关活动来推广乡村地区。建立一个强有力的品牌形象是吸引游客的关键，这需要突出乡村地区的独特文化、自然景观和旅游产品。通过故事讲述、视觉内容和体验营销，可以有效地传达乡村地区的魅力，吸引国内外游客。

3. 社区参与

确保当地社区积极参与乡村旅游项目对于促进可持续旅游至关重要。社区居民应被纳入旅游规划和运营过程中，从旅游活动中直接受益，这包括提供就业机会、支持当地小企业和手工艺人。此外，增强社区居民的参与感和归属感也有助于保护当地文化和环境，使他们成为旅游可持续性的倡导者和受益者。

4. 政策支持与规划

政府的政策支持和科学的旅游规划对于乡村旅游的长期成功至关重要。政府可以通过提供资金支持、制定优惠政策和创建合适的法律框架来促进乡村旅游业的发展。此外，科学的规划有助于保护环境，避免过度开发，并确保旅游活动与其他地区发展计划相协调。通过综合考虑经济、社会、文化和环境因素，政府可以制定出既促进经济增长又保护当地资源和文化的旅游发展战略。

三、平衡乡村文化保护与旅游开发

乡村文化的保护与旅游开发之间的平衡是实现可持续旅游的关键。旅游活动需考虑到对文化遗产的保护以及对当地社区的长远影响，以避免对文化本质的破坏。文化保护不仅关乎保存一个地区的历史和传统，也是维持社会身份和促进社区凝聚力的基石。在旅游开发中，文化保护起到了双重作用：一方面，它帮助维持地区的文化多样性，为旅游业提供独一无二的资源；另一方面，有效的文化保护策略可以增强游客的体验，提升旅游目的地的吸引力和竞争力。

（一）文化保护与旅游开发的可能冲突

在乡村旅游开发过程中，虽然目标是实现地区经济的提升和文化传承的活化，但同时也可能引发一系列冲突，这些冲突需谨慎管理以确保可持续发展。

1. 过度商业化

随着旅游业的快速发展，尤其是在那些自然风景优美或具有独特文化特色的乡村地区，过度商业化成为一大潜在风险。旅游业的商业压力可能促使地方政府和企业过度开发旅游资源，从而导致环境退化、资源过度消耗和文化价值的流失。例如，一些原本宁静的乡村地区可能因为大规模的旅游开发而变得商业氛围浓厚，原有的文化被重新包装以适应市场需求，最终失去了其原有的文化意义和价值。

2. 文化失真

为了吸引和满足更多游客的需求，一些乡村文化元素可能被过度简化、修改或曲解。这种文化失真不仅误导了游客对本地文化的理解，也可能对当地居民的文化认同造成负面影响。例如，传统节庆或仪式可能被转变为简单的表演活动，主要是为了娱乐游客而非保持其文化和宗教的真实意义。这种文化展示的偏离不仅削弱了文化的真实性，也可能引起当地社区的不满和文化自我认同的混乱。

为了解决这些冲突，乡村旅游开发需要综合考虑经济利益与文化、环境保护之间的平衡。采取措施应包括但不限于制定严格的规划和管理政策，保护重要的文化和自然资源，限制不适宜的商业活动，以及通过教育和社区参与促进对文化遗产的尊重和保护。此外，发展乡村旅游时应考虑到长远的社会和文化后果，确保旅游发展与当地社区的需求和期望相一致，从而促进地区的整体可持续发展。

（二）可持续旅游和文化保护的策略

为有效解决乡村旅游开发中可能出现的文化和环境冲突，以下策略被提出，旨在促进可持续旅游发展同时保护文化遗产。

1. 社区参与

激励当地社区积极参与旅游开发过程至关重要。这不仅涉及到让社区成员在保护文化遗产和分享其文化价值中扮演中心角色，还包括让他们参与决策过程，从旅游收益中直接受益。社区参与可以通过设立社区领导的旅游委员会、开展社区论坛和调研来实现，确保旅游项目符合当地居民的利益和文化维护的需求。

2. 教育和培训

加强对从业人员和游客的文化教育和意识培训是至关重要的。对员工进行文化遗产保护的培训，可以增强他们对本地文化的尊重和正确传达给游客的能力。同时，对游客进行教育，增强他们对参观地文化的理解和尊重，促进负责任的旅游行为。教育活动可以包括文化研讨会、解说活动以及在景区设置解释性标牌。

3. 制定严格的管理规定

实施适当的法律和政策以控制旅游开发的规模和性质，是确保旅游活动不会破坏文化景观的关键。这可以通过制定特定区域的访客限制、建设标准和环境影响评估来实施。政策还应包括对非法交易和滥用文化物品的严格禁止，保护文化和自然资源不受损害。

4. 持续监测和评估

建立一个综合的监测系统来持续评估旅游活动对文化遗产和环境的影响至关重要。这包括定期的环境和文化影响评估，以及建立反馈机制，让社区成员和游客能够报告潜在问题。通过收集和分析数据，可以及时调整管理措施，确保旅游发展不会对文化遗产造成不可逆转的损害。

通过实施这些策略，可以保护乡村地区的文化和自然遗产，同时确保旅游带来的经济利益能够支持当地社区的可持续发展。这种平衡的方法有助于实现经济增长与文化保护的双赢目标。

四、乡村文化与旅游融合的策略与实施

（一）发展乡村文化旅游的基本原则

1. 可持续性

可持续性是乡村文化旅游的核心原则，要求旅游活动设计与执行均不应对当地环境或文化造成负面影响。相反，旅游应当成为推动当地社区、环境及经济长期繁荣的催化剂。这意味着开发和实施低影响的旅游活动，如生态旅游或小规模旅游团体，以减少对自然资源和文化遗产的压力。此外，应鼓励使用可再生能源，采用环境友好型设施和实践，以确保旅游业的发展与地方生态系统的健康和完整性相协调。

2. 包容性

包容性确保所有社区成员均能从旅游活动中受益，并在旅游开发的每一个阶段参与其中。这包括让当地居民参与旅游规划和决策过程，确保他们在旅游收入中拥有份额，以及在提供旅游服务和产品的过程中发挥作用。此外，包容性还意味着确保旅游产品和体验能够反映并尊重社区内的多样性，包括性别、种族和经济背景的多样性。

3. 真实性

真实性原则要求乡村文化旅游保持对当地文化的准确和尊重的表达，避免过度商业化和文化失真。这意味着旅游活动应当真实地反映乡村地区的历史、文化和传统，而不是为了迎合游客的期望而制造或夸大某些文化方面。通过与当地文化工作者和保护者合作，确保所有的文化展示都是由社区本身来定义和传达。

4. 教育性

教育性原则强调通过旅游活动来教育和启发游客及当地社区，增强他们对保护文化和环境重要性的认识。这可以通过组织工作坊、讲座和互动式体验来实现，如引导游客参与当地的文化节日或传统手工艺制作，让他们了解当地生态的重要性及如何保护。此外，教育性还应包括提高当地社区对旅游潜在影响的理解，使其能够更好地管理和利用旅游带来的机会。

（二）政策支持与投资

1. 政府支持

政府可以通过一系列政策措施来促进乡村文化旅游的发展。这包括提供税收优惠，减轻新兴旅游企业的财政负担，以及提供直接的财政补贴，支持基础设施建设和旅游服务设施的改善。此外，政府还可以提供专业培训，帮助当地居民和企业提升旅游相关技能，如客户服务、外语能力和导游技能。这些措施不仅能够刺激当地经济，还能增强乡村地区的旅游接待能力。

2. 私人部门

鼓励私人部门投资乡村旅游项目是另一个重要策略。通过公私合作模式（PPP），政府和私人企业可以共同投资乡村旅游基础设施和开发项目，如酒店、度假村、文化体验中心等。私人投资带来新的资本和管理经验，可以引入创新技术和营销策略，提升旅游项目的专业水平和市场竞争力。此外，这种合作模式还可以帮助分散风险，吸引更多的投资者关注和投资乡村旅游。

3. 国际合作

与国际旅游组织合作是提升乡村旅游国际知名度的有效途径。通过这些合作，可以引进外国的投资，同时借鉴国际先进的旅游管理经验和实践。国际合作还可以帮助乡村旅游地区加入国际旅游网络，吸引更多的国际游客。例如，通过与国际环保旅游组织合作，可以开发生态旅游项目，吸引对可持续旅游感兴趣的游客。同时，国际合作也可以提高当地旅游业的服务标准和可持续发展能力。

综上所述，通过政府支持、私人部门投资和国际合作，可以有效地推动乡村文化旅游的发展，实现经济、社会和文化上的可持续成长。这些策略将有助于乡村地区构建独特的旅游品牌，提升其在国内外旅游市场中的竞争力。

（三）基础设施与服务的优化

1. 提升交通连接

为了便利游客到访，需要对通往乡村地区的交通设施进行显著改善。这包括修建和维护连接主要城市和乡村目的地的道路，提供频繁且可靠的公共交通服务，如巴士或轨道交通。良好的交通连接不仅使乡村地区更易于访问，还有助于减少交通拥堵和环境污染。此外，设置清晰的指示标志和信息板，可以确保游客在旅途中不会迷路，从而提升整体旅行体验。

2. 完善旅游设施

为了满足游客的住宿和餐饮需求，乡村地区需要建设适宜的旅游设施。这包括提供各种档次的住宿服务，从豪华度假村到经济型旅馆，以及露营地点，以适应不同游客的预算和偏好。餐饮设施应提供地方特色美食，同时也考虑到国际游客的口味。此外，娱乐设施如文化展览中心、户外活动基地和休闲区也非常重要，这些设施可以提供丰富的娱乐和放松选项，增强游客的整体满意度。

3. 技术应用

在服务优化方面，技术的应用是不可忽视的一环。通过建立在线预订系统，游客可以轻松预订住宿、交通和活动，从而提前规划其行程。虚拟导览和移动应用可以提供实时信息，帮助游客了解当地的景点、文化活动和必看事件。此外，免费的 Wi-Fi 服务、电子支付选项和互动导览设备可以大大提升游客体验，使乡村旅游目的地在技术上不逊于城市旅游地。

通过这些基础设施和服务的优化，乡村旅游地不仅能够吸引更多的游客，还能确保他们在访问期间得到满意的服务，从而提高游客的回访率和推荐率，支持乡村地区的旅游业持续发展。

第二节　乡村文化与地方产业的关系

乡村文化的独特元素不仅反映了一地的历史与传统，它们还在塑造乡村的社会和经济结构中扮演着至关重要的角色。这些元素包括手工艺品、传统农业、地方美食、节庆活动和建筑风格等，它们共同构成了乡村地区的文化资本，不仅丰富了当地社区的生活，也为地方产业提供了独特的竞争优势。通过这些文化资源的合理开发，乡村地区不仅能够促进当地经济的多元化发展，还能在全球化的压力下保持其文化的独特性和自身的可持续发展。这种策略不仅仅是经济上的投资，更是对文化传承和社区活力的长远投入。

一、地方产业概述

在许多乡村地区，地方产业的形成和发展通常与当地文化紧密相连，不仅是经济支柱，也是文化传承的重要渠道。这些产业包括农业、手工艺、旅游业以及地方特色产品，它们各自承载着区域文化的独特性，并以此吸引和教育来自世界各地的游客。

农业是乡村地区最传统的产业之一，它不仅支撑着当地的经济生活，还深刻地体现了乡村社区与自然环境的和谐相处。农业活动，从种植、养殖到收获，都反映了一种依赖于季节变化和自然资源的生活方式。此外，许多乡村地区保持使用传统农耕技术和自然农法，这些方法不仅对环境友好，也帮助保持土壤和生态系统的健康，同时这些传统技术和节日活动也成为吸引旅游者的文化景观。

手工艺是地方文化的重要组成部分，它们展示了乡村地区的艺术和技术水平。手工艺品，如陶瓷、纺织品、木工和金属工艺，不仅展示了工匠的高超技艺，也传递了丰富的文化信息和历史传统。这些手工艺品常常与地区的历史故事和文化信仰相连，成为游客了解当地文化的窗口，并且在地方市场和国际市场上享有盛誉，成为促进经济发展的重要产品。

旅游业通过展示乡村的自然景观和文化遗产，为地方经济带来直接的经济效益。乡村旅游不仅包括观光，更包括体验当地的文化活动、节庆和日常生活方式，如参加传统节日、体验农家生活等。这样的互动体验使得旅游业成为推广乡村文化的重要途径，同时也促进了地方就业和服务业的发展。

地方特色产品如葡萄酒、奶酪和手工酿造啤酒等，不仅展示了地方的农业产物和生产技术，也反映了当地人对食品质量和生产方式的独到理解和追求。这些产品经常与地区的文化和传统密切相关，如特定的酿酒方法或奶酪发酵技术，它们不仅为游客提供了味觉上的享受，也促进了文化的交流和传播。

这些地方产业的共同特点是深深植根于乡村文化之中，它们的发展和维持不仅提升了当地的经济水平，还加深了人们对传统乡村生活方式的理解和尊重。通过这些产业的兴旺，乡村地区能够在现代化的浪潮中保持自身独特性，同时为未来的可持续发展奠定基础。

二、乡村文化对地方产业的影响

乡村文化不仅丰富了当地的历史和社会结构，还对地方产业产生了深远的影响。从经济发展到社会结构，再到环境管理，文化的作用不容忽视。

（一）经济影响

乡村文化通过多种方式帮助形成和支持地方产业，这些方式包括旅游业的发展、手工艺品的制作以及农产品的种植和销售。这些活动不仅加深了文化的根植，还为地方经济提供了实质性的推动力。

1. 旅游业

乡村文化的独特性是其最大的卖点之一，能够吸引游客前来体验地方的历史、艺术和传统活动。节庆、手工艺展示、传统表演等文化活动极大地丰富了旅游体验，吸引了大量国内外游客。这些游客的到来直接增强了当地旅游相关业务的收入，包括酒店、餐饮、交通服务以及购物。例如，游客在参与节日庆典或观看传统表演时，往往会在当地消费，从而带动了小型企业和手工艺市场的繁荣。

2. 手工艺品

乡村的手工艺品，如编织、陶瓷制作、木工和金属工艺，不仅保留了世代相传的技艺，还为当地带来了显著的经济效益。这些传统技艺制作的产品因其独特性和文化价值，在国内外市场上极具吸引力，常常作为高端商品被收藏家和爱好者所追求。手工艺品的销售不仅提升了当地工匠的生活水平，也推动了相关旅游和零售业的发展。

3. 农产品

乡村地区的农业活动深受当地文化和传统的影响，生产出具有地方特色的农产品，如葡萄酒、奶酪、特色果蔬等。这些产品的品质和口味独具一格，通常与地理标志和文化认同密切相关。例如，某些地区的葡萄酒因采用传统酿造技术和地方特有的葡萄品种而闻名。这些农产品不仅在本地市场上受到消费者的喜爱，而且往往作为高价值的出口商品销往国外，为当地经济带来可观的外汇收入。

综上所述，乡村文化对地方产业的经济影响是多方面的，不仅促进了传统文化的传承和保护，还通过提升旅游吸引力、支持手工艺品市场和增强农产品的品牌价值，为地方经济发展提供了强有力的支撑。

（二）社会影响

乡村文化对劳动力特征和就业模式的影响非常显著，尤其体现在工作类型的定义和就业机会的创造上。这种文化背景塑造了当地社会经济结构的独特性，影响了个体的职业选择和工作方式。

1. 劳动力特征

乡村文化中对社区和家庭的强调深刻影响了人们对工作类型的选择。在这种文化影响下，工作往往不仅仅是谋生的手段，更是传承家族和社区传统的方式：

（1）家族企业的传承：在许多乡村地区，农场、手工艺作坊、甚至是小型加工厂往往是家族企业，涉及多代人。这种模式不只是经济活动，更是一种文化和技能的传递。家族成员从小参与家族业务，学习相关技能，这种从一代传到下一代的模式强化了家族的凝聚力和文化身份。

（2）社区协作：乡村文化中的社区意识促使工作方式更倾向于合作而非竞争。例如，在农忙时期，社区成员可能会相互帮助，共同完成种植、收割等工作，这种互助体现了乡村文化中的团结和共享精神。

2. 就业模式

（1）季节性就业：在农业为主的乡村地区，就业机会的季节性特征尤为明显。农业活动如种植和收获往往集中在特定的季节，导致劳动力需求在一年中的某些时期会有显著的波动。此外，旅游业也显示出类似的季节性特征，尤其是在以自然景观或节庆活动为主要吸引力的地区。

（2）兼职与多职业：由于季节性工作的不稳定性，许多乡村地区的居民可能会选择兼职或同时从事多种经济活动以适应经济需求的变化。例如，一个人可能在春季和夏季在农场工作，而在秋季和冬季则可能依靠手工艺品销售或在当地的旅游景点工作。

通过这样的社会影响，乡村文化不仅定义了个体的生活方式和社区的经济结构，还对地方的劳动市场和经济发展产生了深远的影响。这种文化与经济活动的交织对于理解乡村地区的社会经济动态至关重要。

（三）环境影响

乡村文化中深植的实践和信仰对于地方生态系统的管理及可持续发展产生了显著的影响。这些文化传统不仅体现了与自然和谐相处的生活方式，还为现代环境管理提供了宝贵的洞见和方法。

（一）生态系统管理

乡村文化中的传统知识和实践在生态系统管理中扮演着至关重要的角色。这些文化遗产，如传统农业技术和土地管理方法，深受乡村社区的尊重和运用。传统农业技术，包括轮作、混作和自然农法，不仅帮助土壤保持肥力和降低病虫害，而且与自然节奏同步，有助于维护生物多样性和土地的长期生产力。同时，土地管理方法如水土保持和适度放牧等，通过保护自然资源不被过度开发，支持了生态系统的可持续利用，这些实践对维护环境平衡具有极大的益处。

（二）可持续发展

乡村文化深深根植于对自然的尊重和资源节约的生活习惯，强调环境保护和效率提升，这些传统在现代可持续发展中显得尤为重要。居民们常常采取节约用水、减少能源消耗和循环利用物资的措施，有效减轻环境压力。同时，对自然的深度尊重通过保护水源、森林和野生动物体现出来，如在生物繁殖期禁止打猎或捕鱼的习俗，这些做法帮助维持生态平衡，是可持续发展实践的关键组成部分。

通过这些传统的环境管理和可持续发展实践，乡村文化对当地以及全球的生态保护和可持续发展策略提供了宝贵的支持和启示。这些实践不仅有助于保护环境，也支持了经济活动的可持续进行，展示了人与自然和谐共生的可能性。

三、地方产业对乡村文化的影响

地方产业的发展对乡村文化具有深远的影响，这不仅体现在文化的保护和促进上，还包括文化元素的演变和适应。产业活动通过为文化提供新的表达和实践机会，同时也可能引起文化的变迁。以下是对这些影响的详细探讨：

（一）文化保护与促进

地方产业的发展不仅促进了经济增长，也成为了乡村文化保护与促进的关键驱动力。通过有效地将文化元素融入产业实践中，不仅有助于保存传统文化，还能提升其影响力和可见度。

1. 文化活动的商业化

乡村地区通过旅游业等产业活动，能够有效地展示和商业化其独特的文化活动和传统。例如：

（1）手工艺展示：传统的手工艺，如编织、陶瓷或木雕，在旅游景点通过现场演示或工作坊形式展示，吸引游客的参与和购买，从而为当地工匠提供直接收入。

（2）节庆活动：地方节庆如收获节、春节等，通过组织特色活动和庆典，将文化传统转化为吸引游客的活动，增加了这些传统活动的经济价值和外部知名度。

（3）地方戏剧：传统戏剧和表演艺术，如地方戏曲或民间舞蹈，通过票务销售和相关商品营销，不仅保存了艺术形式，还扩大了其受众基础。

2. 资金与资源的投入

产业发展带来的资金和资源投入对文化遗产的修复和维护至关重要：

（1）修复历史建筑：产业发展提供的资金可以用于修复和维护历史建筑，如古老的庙宇、教堂或传统住宅，这些地方常成为吸引游客的亮点。

（2）艺术品保护：对地方艺术品的投资不仅保护了这些文化资产，还可能通过博物馆和展览会增加公众对它们价值的认识。

（3）环境改善：投资于改善文化活动场所的设施和环境，如增设照明、安全设施和观众设施，提升访客体验，促进文化旅游的发展。

3. 提升文化教育与传播

通过产业发展推动的文化教育和传播活动，为年轻一代提供了深入了解和学习本地文化的机会：

（1）教育课程：在学校和社区中增设关于地方历史、艺术和技艺的课程，帮助年轻人从小培养对本地文化的兴趣和尊重。

（2）培训项目：开设针对特定手工艺或传统技能的培训项目，不仅为 interested youths 提供职业技能，也助于传统技艺的传承。

（3）文化交流：通过组织文化交流活动，如国际文化节或文化交流访问，加深外部与本地社区之间的文化理解和欣赏。

综上所述，地方产业的发展在保护和促进乡村文化方面扮演着多重角色，不仅保护了文化遗产，也为其传承和创新提供了资源和平台。通过这些努力，乡村地区能够在全球化的背景下保持其文化的独特性和活力。

（三）文化演变

地方产业的发展对乡村文化的影响是复杂且多面的。虽然产业发展在许多方面促进了文化的保护与传播，但它也可能引起文化元素的变化和适应，以符合新的市场需求和社会环境。这种文化演变可能表现在多个层面：

1. 文化适应市场需求

随着全球化和市场经济的扩展，乡村文化中的某些元素可能需要适应新的市场条件：

（1）产品的商业化：传统产品如手工艺品和地方食品为适应更广阔的市场，可能会调整其设计、包装或营销策略。例如，为吸引国际游客，传统服饰或装饰品可能会根据外国消费者的审美偏好进行重新设计。

（2）文化表演的改编：为了满足观众的期望，传统的音乐和舞蹈表演可能被简化或改编，使其更易于理解和欣赏，有时这可能会牺牲文化的深度和真实性。

2. 技术的引入

新技术的引入在改善生产效率和增强交流方面发挥了积极作用，但同时也可能改变传统的文化实践方式：

（1）农业的现代化：现代农业技术如机械化耕作和基因改造作物的引入，可能会替代传统的农耕方法，这不仅改变了农业生产的本质，也可能影响到与农业相关的文化节庆和仪式。

（2）数字化的传播：数字化技术使得文化内容的保存和传播更为便捷，但同时也可能导致传统传承方式，如口头传说和现场教学的边缘化。

3. 文化融合与创新

产业的发展通常伴随着人员的流动和观念的交换，这促使不同文化之间的交流和融合：

（1）新文化形式的诞生：通过不同文化的相互作用，可能产生全新的文化表现形式，如融合了多种音乐风格的新曲种或结合了不同设计元素的手工艺品。

（2）原有文化特色的变迁：随着新观念的引入，一些传统文化特征可能会被修改或重新解释，从而适应新的社会文化环境。虽然这种融合带来创新，但也可能导致一些传统元素的流失。

通过上述多个维度的探讨，我们可以看到，地方产业的发展对乡村文化既有促进作用，也带来了诸多挑战和变化。理解这种双向作用对于制定有效的文化保护策略和促进产业可持续发展具有重要意义。

第三节 乡村文化对经济发展的主要作用

乡村文化的经济价值体现在多个层面：首先，它为旅游业提供了丰富的资源，吸引游客体验独特的地方风情和传统活动，从而直接增加当地经济收入；其次，乡村文化通过支持和保护传统手工艺和农业实践，不仅维护了生物多样性和生态平衡，也为地方产品提供了独特的市场定位，增强了地方品牌的国际竞争力；最后，乡村文化的传承和创新激发了新的商业模式和创业机会，如文化主题的创意产品和服务，为经济增长注入新动力。因此，乡村文化是连接传统与现代、地方与全球的重要桥梁，其在当代经济中的角色日益凸显，成为推动经济多元化和可持续发展的关键因素。

一、增强地方产业的竞争力

为了增强地方产业的竞争力，可以从多个方面着手，具体包括提升旅游吸引力、支持传统手工艺以及发展地方特色产品。

（一）乡村文化发展与旅游业

首先，提升旅游吸引力是增强地方经济的有效途径。乡村地区通过展示其独特的文化特色，能够吸引更多的国内外游客。文化节庆活动如民俗节、音乐会和工艺展览等，不仅展示了地方的传统与现代融合的独特文化，也创造了与游客互动的机会，使他们能直接体验和参与到地方文化中来。这样的活动通常具有很高的吸引力，能够有效提高地方的知名度和游客满意度。

同时，历史遗址的保护和利用是连接过去与现在的桥梁，对于保存地方文化遗产至关重要。通过合理的规划和管理，这些历史遗址不仅得以保护，还能被转化为引人入胜的旅游景点。例如，通过设立博物馆、举办文化讲座和互动体验活动，可以加深游客对地方历史和文化的理解和兴趣。

此外，自然景观的保护和合理开发同样关键。森林公园、湖泊和山脉等自然资源，不仅是生态宝库，也是吸引游客的重要资产。通过设立生态旅游项目、开发户外活动如徒步、骑行和野营，可以在保护自然环境的同时，提供游客独特的自然体验。这些活动有助于提升游客对自然美景的欣赏，同时带动地方的旅游和服务业发展。

通过上述措施，旅游业的发展不仅能直接带动地方经济增长，还能促进就业，提高居民收入。更重要的是，它能增强地方的文化自信和社会认同，促进社区的和谐发展。总之，通过积极推动文化和自然资源的保护与合理利用，乡村地区能够在保持其文化特色的同时，实现经济和社会的全面发展。

（二）支持手工业发展

其次，支持传统手工艺是保护文化遗产和增强地方产业竞争力的另一个关键方面。传统手工艺，如陶瓷制作、织造和木工等，不仅展示了地方的文化特色，也为地方创造了独特的市场定位。这些技艺通常代表着地区的历史与文化传承，且在当地社区中扮演着重要的经济和社会角色。

通过政府和私人部门的支持，可以有效地推动这一行业的发展。例如，政府可以提供专门的培训课程，帮助手工艺人精进技艺，同时引入新的技术和材料，以提高产品的质量和生产效率。此外，通过提供启动资金和低息贷款，可以鼓励更多创业者和艺术家加入手工艺行业，从而扩大行业的规模和影响力。

市场推广也是提升手工艺品市场影响力的重要策略。通过建立在线平台和参与国内外展览会，可以有效地扩大手工艺品的销售渠道，将这些具有地方特色的产品介绍给更广泛的消费者群体。同时，政府和相关机构可以协助手工艺人参与各种文化交流项目，增加其作品的国际曝光度。

此外，将传统手工艺产品与现代设计相结合是另一个提升经济效益的有效策略。通过与现代设计师合作，传统手工艺品可以被重新诠释，满足现代消费者对创新和个性化产品的需求。这种跨界合作不仅可以提高产品的市场竞争力，也有助于传统技艺的传承和发展。

综上所述，通过政府和私人部门的共同努力，可以大大提升手工业的经济价值和文化意义，使其成为地方经济增长的重要推动力和文化自信的体现。

（三）发展地方特色产业

发展地方特色产品是增强地方品牌和拓展市场的重要途径。乡村地区往往拥有独特的农产品，如葡萄酒、奶酪等，这些产品不仅是地方经济的支柱，也是地方文化的一部分。它们不仅表现了该地区的生态环境和农业传统，而且反映了当地社区的生活方式和食文化。

通过提升产品质量、建立品牌和开拓国内外市场，可以大大增加地方产品的知名度和市场竞争力。例如，地方特色产品可以通过实施地理标志保护策略来确保其独特性和原产地认证，这不仅有助于维护消费者信任，也增加了产品的市场附加值。此外，通过参与国际食品和饮料展览，地方产品能够接触到更广泛的潜在客户和分销网络。

建立产销对接平台也是促进地方特色产业发展的有效措施。这样的平台可以帮助小型生产者直接接触到大型零售商和出口商，从而减少中间环节，提高效率和利润。同时，通过电子商务平台的利用，地方特色产品可以直接触达全球消费者，这不仅提高了销售量，也增强了品牌的国际影响力。

此外，投资于产品创新和包装设计也至关重要。通过结合现代设计元素，使传统产品更符合现代消费者的审美和功能需求，可以进一步拓宽市场。例如，传统奶酪可以通过与现代料理的结合，推广为健康食品的一部分，从而吸引健康意识较强的消费群体。

综上所述，通过质量控制、品牌建设、市场拓展及产品创新等策略，地方特色产业不仅能提高其经济价值，也能增强地方的文化魅力和社会认同感。这些策略的实施将为地方经济的持续增长和全球市场的扩张奠定坚实基础。

二、促进社会和经济的包容性发展

乡村文化在促进社会和经济的包容性发展方面起着至关重要的作用。通过提供就业机会、促进社区参与和赋权以及加强社区凝聚力，乡村文化帮助形成了一个更加包容和参与性的经济环境。

（一）就业机会的创造

1. 旅游业

乡村地区的自然美景和丰富的文化活动吸引了众多国内外游客。这不仅推动了酒店、餐饮和交通等服务业的发展，也为当地居民提供了导游、旅游管理和客户服务等工作机会。随着旅游业的扩展，还催生了一系列辅助服务职业，如旅游策划、活动组织、地方特色产品的开发与销售，以及文化体验活动的设计与执行。这些都大大促进了当地的经济活力和就业多样性。

2. 手工艺产业

乡村地区的传统手工艺如编织、陶艺、木工等，不仅保存了文化遗产，也成为了当地经济的一个重要组成部分。这些活动不仅为工匠提供直接就业，也涉及到相关的销售、市场营销和教育培训工作。例如，手工艺品的制作与销售需要物流支持、广告推广和电商平台管理等服务。此外，随着手工艺产品市场的国际化，还需要专业人员从事出口业务、国际市场分析及跨文化交流。这样的产业链扩展不仅提升了手工艺品的经济价值，也为更多居民提供了从事相关行业的机会。

这两大领域的结合与发展不仅丰富了乡村地区的经济结构，还提高了当地居民的生活质量和社区的整体繁荣。通过这样的产业推动，乡村地区能够实现可持续发展，同时保护和传承宝贵的文化遗产。

（二）社区参与和赋权

1. 决策参与

在许多乡村社区中，文化活动的组织和发展往往需要社区成员的广泛参与。这种参与不仅限于物质生产，更包括在规划和管理当地资源时发表意见和做出决策。社区成员能够直接影响到关乎他们生活和工作环境的重大议题，如土地使用、文化遗产保护以及旅游发展策略等。此外，通过定期召开社区会议和建立透明的沟通渠道，每个人都有机会表达自己的观点和建议，确保决策过程中考虑到各方的利益和需求。

2. 收益分享

通过合作社和其他社区基础的经济组织，乡村文化帮助确保经济活动的收益能够公平地分配给参与者，从而增强社区成员的经济权益和动力。这些组织通常运作在共享的原则之下，成员不仅共同努力提升产品质量和市场竞争力，而且享有收益分配的权利。例如，当地的手工艺品或农产品通过合作社形式销售时，利润返回社区，用于资助公共设施建设、教育项目或再投资于生产活动。这种模式不仅提升了社区的经济独立性，也增强了成员之间的团结和互助。

这种参与和赋权的文化背景为乡村地区提供了一个更加健康和可持续的发展模式。社区成员的直接参与确保了项目和政策更贴近实际需求，而公平的收益分享则增加了大家对共同目标的承诺和热情。通过这样的方式，乡村文化不仅是传统的传承，更是推动社区向前发展的动力。

（三）增强社区凝聚力

1. 文化节庆和活动

定期举办的文化节庆活动，如丰收节、传统节日庆典等，不仅为社区居民提供了聚集和庆祝的机会，也强化了共同的文化认同和归属感。这些活动通常包括传统音乐演出、舞蹈、地方美食展示以及各种手工艺品展销，使居民能够在庆祝的同时，重新连接自己的文化根源。此外，这些庆祝活动往往吸引来自其他地区甚至国际游客，进一步提高了地方文化的外部影响力和经济效益。

2. 共同的文化项目

如地方历史文档的编撰、传统艺术的复兴项目等，能够让社区成员共同参与到保存和发扬本地文化的活动中，增强了社区内部的连接和支持。例如，通过组织历史研讨会、工作坊以及展览，不仅增强了居民对本地历史和传统的了解，还鼓励了不同世代间的知识传递和对话。这样的项目通常由社区领袖、当地学者和艺术家联合推动，强调多方参与和多样性，进一步加强社区的多元化和包容性。

通过这些方式，乡村文化不仅促进了经济的包容性增长，还帮助构建了一个更加团结和自信的社区环境。这种强化的社区凝聚力使得居民在面对外部挑战和内部变迁时，能够更好地团结一致，共同应对。同时，增强的身份认同感让社区成员更加珍视并积极参与到地方发展和文化传承中，确保了文化的持续生命力和地方的独特性。

三、推动文化产业的创新发展

首先，文化创新可以通过现代设计重新诠释传统工艺，激发新的商业模式和创新产品。在乡村地区，传统工艺往往承载着丰富的文化价值和历史意义。例如，传统织物、陶瓷制品、木工艺品等，可以通过融入现代设计元素，改善功能性以及提升美观度，从而吸引新一代消费者。这种创新不仅为传统工艺品找到了新的生命力，也为地方经济带来新的增长点。

通过与设计师和市场营销专家的合作，乡村地区可以开发出符合现代市场需求的产品。例如，将传统的陶瓷技术与现代的工业设计相结合，创造出既具有传统审美又符合现代家居风格的装饰品和实用品。这样的产品不仅能够满足国内消费者对于文化和设计的双重需求，也具有很高的国际市场潜力。

此外，引入现代技术，如数字化工具和高效生产技术，也是推动传统工艺创新的一个重要方面。这些技术可以帮助传统工艺在保持其独特性的同时，提高生产效率和质量控制，使产品更加符合现代消费者的品质要求。

通过参加国际展会、在线平台和社交媒体的积极运用，乡村地区的传统工艺品可以有效地触达全球消费者，从而提升其国际知名度和市场份额。这样的全球视野和市场接触不仅增加了产品的销售渠道，还为当地创造了更多的就业机会和经济活动。

总之，通过将传统工艺与现代设计和技术相结合，乡村地区不仅能保护和传承文化遗产，还能通过创新和国际化推动地方经济的发展，实现可持续增长。

四、促进地方与全球市场的连接

在全球化的今天，连接地方与全球市场成为了推动地方文化和经济发展的关键。尤其是对乡村地区而言，有效的市场接入和国际合作可以带来前所未有的发展机遇。

（一）增强市场接入

对于乡村文化产品来说，进入更广阔的市场通常面临诸多挑战，包括但不限于产品的市场定位、品牌建设、物流配送等问题。借助现代电子商务平台，这些产品可以更便捷地触达全球消费者。例如，通过建立在线商店、参与电商平台的特色市场，以及利用社交媒体进行内容营销，乡村产品能够突破地理限制，直接与全球消费者对话。

首先，市场定位是确保产品成功的关键。乡村文化产品应突出其独特性和地方特色，以区别于市场上的其他商品。通过精心设计的品牌故事和包装，可以有效地传达产品背后的文化价值和工艺精神，从而吸引对此类独特性感兴趣的消费者。

其次，品牌建设是提升市场认知度和消费者信任的重要步骤。这可以通过高质量的产品照片、详尽的产品描述以及透明的生产过程来实现。同时，借助影响者营销和用户生成内容，可以在消费者中建立口碑，增强品牌的可见度和吸引力。

此外，解决物流配送的挑战对于保证消费者满意度和扩大市场份额至关重要。乡村文化产品制造商应与可靠的物流合作伙伴合作，确保产品可以安全、高效地送达消费者手中。此外，提供跟踪服务和灵活的退换货政策也可以提高消费者的购买意愿。

同时，全球营销策略应考虑到文化差异、消费者偏好等因素，精准定位产品和服务，从而在竞争激烈的市场中获得优势。例如，对于不同地区的市场，可以调整营销信息和推广策略，以符合当地文化习俗和消费习惯。

通过这些综合策略，乡村文化产品不仅能够在国内市场建立坚实的基础，还能成功进军国际市场，提升经济效益，同时为乡村地区的文化传播和可持续发展作出重要贡献。

（二）文化交流与国际合作

乡村文化的独特性不仅是一种文化财富，也是促进国际文化交流和经济合作的桥梁。通过组织国际文化节、展览或文化旅游活动，乡村地区可以展示其独特的文化艺术产品，如手工艺品、传统音乐和舞蹈等。这些活动不仅增强了乡村文化的国际影响力，也为当地创造了新的经济增长点。例如，通过定期举办国际手工艺展览，可以吸引来自世界各地的参观者和买家，从而打开新的销售渠道和市场。

此外，通过与国外文化机构和企业建立合作关系，乡村地区可以吸引国际资本和专业知识，加速当地文化产业的创新和发展。这种合作可以采取多种形式，包括艺术家交流计划、联合研究项目以及技术转让等。这不仅有助于提高当地艺术家和工匠的专业技能，也促进了文化产品的创新，使其更加符合国际市场的需求。

在加强国际合作的同时，乡村地区还可以通过参与国际旅游博览会和文化节庆活动来推广其独特的文化和旅游资源。这些活动提供了一个平台，使乡村地区能够展示其文化的独特性和吸引力，吸引更多的国际游客和文化爱好者。通过这样的交流和展示，乡村地区不仅能够增加其文化产品的可见度，还能促进与其他文化的理解和尊重，进一步加深全球间的文化联系和理解。

总之，文化交流与国际合作为乡村地区带来了无限的发展机会，不仅促进了文化的传承和保护，还激发了经济发展和文化创新的新动力。通过这些活动，乡村地区能够更好地融入全球化的大潮，展现其独特的文化价值和经济潜力。

综上所述，通过增强市场接入和加强文化交流与国际合作，乡村地区能够更好地融入全球市场，实现可持续的文化和经济发展。这不仅有助于保护和传承乡村文化遗产，也为乡村地区带来新的发展机遇和挑战。

五、当前火热的乡村文化产业

（一）乡村文化演艺业

乡村演艺是一种活跃于乡村地区的文化表演活动，它依赖个人或群体的文化资源，满足人们的精神和文化需求，并向大众提供多样化的表演艺术。这不仅是为了满足演艺者自身的文化需求，同时也通过满足观众的需求来实现经济利益的增长。演艺主体通常包括民营演出企业或团体以及农民自发组织的演艺团队，涵盖地方戏曲、音乐、歌舞、杂技、魔术、小品等多种文化艺术形式。

乡村演艺业将民营资本与乡村演出活动结合，提供具有地方文化特色的商业演出服务，并涉及相关的创作、策划和营销等活动。演出服务是乡村演艺业的核心，除了提供演出外，许多团体还扩展业务到活动策划、演出设备租赁、图书音像制品租借等领域。

与城市演艺和政府主办的非营利性演出不同，乡村演艺具有几个显著特点：

（1）商业性强：乡村演艺团体的生存和发展依赖于其商业性，通常服务于乡村的节庆活动、婚丧嫁娶、寿宴等，大型团体还可能承接城镇企业的开业典礼、产品促销等活动。

（2）组织形式：乡村演艺团体通常由血缘或地缘关系密切的成员组成，成员彼此熟悉，与乡村社会保持密切联系。一些团体已经走向职业化，能在更大的地区范围内提供服务，而小型团体则主要在本地提供服务，并可能同时从事农业生产。

（3）消费模式：与传统售票模式不同，乡村演艺的经济运作主要依赖于个体或组织对演出活动的资助，盈利水平取决于资助者的支付意愿和演出成本。

（4）流动性：乡村演艺通常没有固定的演出场所，具有很强的流动性，演出地点不定，演出形式灵活，如在空旷地方搭建简易舞台进行演出，被称为"草台班子"。此外，还有专门为婚丧嫁娶提供演艺服务的"响器班子"，这在文化服务中也起到了重要作用。

乡村演艺的多样化和独特性为乡村文化提供了丰富的表达形式，同时也是地方经济和文化活动的重要组成部分，为广大乡民提供了宝贵的文化服务。

（二）乡村特色小镇

特色小镇是以特定产业为核心，依托项目建设，由政府、企业和组织共同参与，具备清晰的产业定位、完备的基础设施、独特的文化内涵和灵活的运作机制，并整合旅游与社区功能的新型聚落模式和区域发展空间。这种小镇模式与传统建制镇和"特色小城镇"有所不同，后者具有更大的土地和人口规模，以及行政规划上的意义。根据 2017 年 12 月国家发展改革委等部门发布的指导意见，特色小镇通常规划面积控制在 3 平方公里内，以市场化运作为主，涵盖多样的产业领域如农林牧渔、健康养生、商贸物流等，而特色小城镇则由住建部管理，规模大约为 20 平方公里，以政府投资和城乡统筹发展为主。

特色小镇的建设和发展需要高标准和系统性的规划，优质的特色小镇通常具有以下特征：

首先，它们依靠自身的特色产业，如传统和新兴行业的结合，包括茶叶、中药、新能源等，从而形成产业的空间载体。这些产业不仅提供经济动力，还通过创新和聚集效应，吸引并集聚人才，促进小镇的经济发展和社区活力。

其次，特色小镇融合了文化和旅游价值，成为文旅创新的平台。这要求小镇建设充分利用和挖掘当地文化资源，将文化特色融入建设的各个方面，增强小镇的吸引力和文化认同，使其成为理想的休闲旅游目的地。

最后，特色小镇提供优质的人文生态环境，成为宜居的共享社区。这涉及从现代化和人性化角度出发，改善和提升居民的生活和生产环境，如基础设施建设、建筑规划、环境营造等方面，同时吸引更多企业和人才入驻。

通过这种"三位一体"的建设模式，特色小镇能够实现生产、生活、生态的有机融合，形成一个完整的生态体，为居民和游客提供一个充满活力和文化魅力的环境。

（三）田园综合体

目前，学界对田园综合体的认识主要有三种观点：首先，有观点认为田园综合体是农业供给侧产业转型升级的路径，看作是休闲农业和园区农业的进阶版；其次，有观点将田园综合体视为一种类似特色小镇的模式，基于"农业+文旅+地产"的发展模式；第三，有的定义田园综合体为结合了创意农业、循环农业、农事体验及田园社区等新型产业的前瞻性和可持续发展模式。

"田园"在字面意义上指的是农田和园圃，地理上指向广阔的乡村区域，内涵上则是一种理想化的乡村生活方式，强调对乡村意象的追求。"综合体"指的是综合规划、建设和运营，这个概念最初来源于"城市综合体"，后者是城市发展阶段的产物，包括了住宅、办公、商业、餐饮和娱乐等功能。在此基础上，又衍生出了商业综合体、旅游综合体、农业综合体等，田园综合体则是在农业综合体和农旅综合体的基础上发展起来的，具有多产业、多功能的复合特点，突出乡村文化内涵和完善的功能性，产业链和价值链也更为完整。

　　总体而言，田园综合体是乡村经济发展到一定阶段后产生的新型乡村空间形态，融合了现代农业、乡村旅游和田园社区等元素，以"农业+文创+新农村"为核心的产业综合发展模式。从产业结构来看，田园综合体集农业生产、产品加工、文化旅游、居民社区于一体，形成三产融合的新业态；从感知角度看，它体现了地方性、乡土性和创造性，为游客提供了舒适的乡村生活体验。

　　田园综合体的三大特征包括：其一，功能复合性，强调产业经济结构的多元化，将农业、休闲、娱乐、文创等多种功能整合在乡村空间内；其二，开发园区化，以现代农业和多种园区建设吸引游客，同时增加居民经济收入并保持吸引力；其三，主体多元化，推动现代企业、社会资本、城市元素与乡村的结合，各方共同参与和协同发展，确保多元主体共享产业效益和资产收益，同时建立合理的经营管理模式以优化资源配置和利益分配。

第五章　乡村文化与乡村社会建设

第一节　乡村文化在社会治理中的角色

乡村文化不仅构成了乡村社区成员的身份和生活的基础，还深深影响了他们的价值观念和行为模式。乡村文化在社会治理中的重要性不可小觑。首先，它是维系社区凝聚力的重要纽带，通过共享的文化背景和价值观念，乡村居民能够形成强大的社区意识和相互支持的社会网络。此外，乡村文化的传统知识和习俗在现代治理中仍具有应用价值，它们可以提供解决当地问题的独特视角和方法，如土地管理、自然资源的可持续利用以及公共事务的管理。这种文化传承不仅有助于保护生态环境，也促进了社会的和谐与稳定。

一、乡村文化的基础作用

乡村文化在基层社会治理中扮演着核心角色，尤其在强化社区认同感和归属感、传承和保护传统知识与习俗，以及促进代际交流和增强社区凝聚力方面表现突出。

（一）强化社区认同感和归属感

乡村文化在强化社区认同感和归属感方面发挥着至关重要的作用。共同的文化活动和传统节日不仅为居民提供了相聚和庆祝的时刻，更重要的是，这些活动深化了居民对社区的归属感和认同感。例如，丰收节或春节这样的传统节日，居民们通过准备食物、装饰村庄、参与传统舞蹈和歌唱等共同活动，加深了对彼此以及整个社区的情感联系。这些节日不仅展现了乡村的文化遗产，也是居民展示个人身份和社区角色的平台。

此外，这种由文化活动引发的认同感和归属感对于乡村社区应对和适应快速的社会和经济变化至关重要。在面对全球化和城市化带来的挑战时，强烈的社区认同感可以促进居民之间的团结与协作，帮助他们共同寻找解决问题的方法，并维护自身的文化特色。它不仅是社区凝聚力的重要来源，也是推动地方发展和文化传承的动力。通过这种方式，乡村文化不仅保持了其持久的魅力，也为社区的可持续发展提供了坚实的基础。

（二）传承和保护传统知识和习俗

乡村文化的传承和保护是维护地区文化多样性和历史连续性的关键行动。乡村地区因其独特的地理和历史背景，成为传统知识和习俗的宝库。这些包括但不限于古老的农耕技术、精湛的民间艺术以及世代相传的传统医药知识等，都构成了人类文化遗产的核心部分。

传统农耕技术如耕作、种植、灌溉和收获方法，不仅提供了对自然环境深刻的理解和尊重，还展示了与自然和谐共处的智慧。民间艺术，如陶瓷、织造、木工和金属工艺，不仅表达了乡村社区的审美和技艺，也反映了社区对美的追求和生活的热爱。传统医药知识，包括草药的使用和治疗方法，不仅是对健康管理的贡献，也是生物多样性和生态知识的一部分。

这些文化遗产的传承通常通过社区的集体活动得以保存和弘扬。节日庆典如春节、中秋节以及特定的收获节，都是社区展示和教育后代传统知识和习俗的重要时刻。这些庆典通过各种形式的表达——如传统歌舞、戏剧演出以及食物准备和分享——加强了社区成员间的纽带和文化认同。

工艺展示和口头传说也是文化传承的重要途径。手工艺展览和市场不仅为手工艺人提供了展示和销售自己作品的平台，也让年轻一代有机会直接接触和学习这些技艺。口头传说和故事讲述则是连接过去与现在，老一辈与年轻一代的桥梁，通过生动的叙述和互动的方式，传递历史知识和文化价值观。

通过这些活动，乡村社区不仅保护了自身的文化遗产，也为乡村振兴提供了独特的文化资源和社会资本。这些文化活动增强了社区成员之间的共识和尊重，促进了社区的团结与协作，为应对现代化挑战提供了坚实的文化基础和动力。

（三）促进代际交流和社区凝聚力

乡村文化在促进代际交流和增强社区凝聚力方面确实扮演着核心角色。在乡村社区中，这种文化桥梁不仅仅是技能的传递，更是一种深层次的文化和哲学的交流，这对于社区的和谐与持续发展至关重要。

在传统活动如节庆、农事以及日常集会中，老一辈居民有机会向年轻一代展示和教授传统的歌舞、手工艺、甚至是农耕技术。例如，在传统的编织或陶艺工作坊中，年轻人不仅学习到制作技巧，更从老师傅那里学到了耐心、细致和对工艺的尊重——这些都是乡村文化中重要的价值观。这种学习过程不仅仅是技能的传授，更是文化和生活方式的一种延续。

此外，通过共同参与乡村传统活动，不同代际之间的隔阂可以得到显著减少，增强了彼此的理解和尊重。这种代际互动的益处不仅限于个人层面，更在社区层面上促进了整体的凝聚力。老一辈的居民看到自己的知识和技能被年轻人珍视和继承，会感到自豪和被尊重，而年轻人则通过学习这些技能感受到自己与社区和文化的深厚联系，增强了对本土文化的认同感。

同时，这种代际交流为乡村地区的振兴注入了新的活力。年轻一代通过了解和参与乡村文化的实践，能够更好地理解自己的根源和身份，这种认识使他们更有可能投身于乡村的发展项目中，无论是通过创业、参与社区管理还是通过文化活动的创新。年轻人的这种积极参与，不仅能带来新的观念和技术，也能确保乡村文化的可持续发展，使之不断适应现代社会的需求。

综上所述，乡村文化通过促进代际交流和加强社区凝聚力，在维持社区稳定和推动乡村振兴中发挥着至关重要的作用。这种文化传承不仅保护了乡村的传统，还确保了这些传统能够在现代化的进程中发挥积极作用，为乡村社区的未来提供了坚实的基础。

二、乡村文化在地方治理中的具体应用

乡村文化在地方治理中的应用是多方面的，涉及社区决策、社会秩序维护以及环境管理。这些方面不仅彰显了乡村文化的实用价值，也突出了其在促进乡村振兴和可持续发展中的关键作用。

（一）社区决策：乡村文化中的共识机制和参与式治理

乡村文化中的社区决策过程深刻体现了集体参与和共识机制的价值，这种治理模式在传统乡村社区中历来有着深厚的根基。在乡村社区的日常管理和发展规划中，村会或集体会议不仅是决策的平台，也是社区凝聚力和文化传承的重要场所。

1. 集体参与的实践

在这些会议中，无论是社区的长者还是新一代的年轻人，每个人都被鼓励发表自己的意见和建议。这种开放的讨论模式允许社区成员从多个角度考虑问题，不仅有助于找到更全面的解决方案，也让每个人都感到自己是社区决策过程的一部分。例如，在规划新的公共设施或修缮老旧设施时，通过集体讨论，社区能够确保所有意见得到充分考虑，并作出

最符合公共利益的决定。

2. 共识达成的重要性

共识机制的应用不仅加强了社区内的合作精神，还提升了决策的有效性和执行力。在传统乡村文化中，达成共识被视为维护社区和谐与稳定的关键。这不仅仅是因为共识决策通常能够反映大多数人的意愿，而且这一过程本身也强化了社区成员之间的相互理解和尊重。共识的达成减少了决策执行过程中的阻力和分歧，因为当决策是通过广泛的参与和讨论得出的，社区成员更可能积极支持和参与到实施阶段。

3. 提升社区归属感和责任感

参与式治理模式通过直接让社区成员参与到决策过程中，极大地增强了他们对社区项目的归属感和责任感。这种模式不仅适用于传统的社区活动，如节日组织或公共区域维护，也适用于更复杂的发展项目，如环境保护计划或社区经济发展策略。居民在参与这些活动的过程中，不仅能够为社区贡献自己的力量，也能够在实践中学习和传承价值观和技能，从而增强了社区的整体凝聚力和向心力。

综上所述，乡村文化中的社区决策机制是乡村振兴中不可或缺的组成部分。它不仅展示了传统乡村治理的智慧，也为现代社区治理提供了可贵的参考，特别是在如何通过增强集体参与和共识机制来提升政策效果和社区满意度方面。通过这种方式，乡村社区能够更有效地面对挑战，实现持续且包容的发展。

（二）社会秩序：利用传统规范和习俗维护社会秩序

乡村文化中的传统规范和习俗在维护社会秩序方面扮演着极其重要的角色。这些规范和习俗，深植于乡村社会的每个角落，不仅是社会互动的指南，也是维系社区和谐与秩序的基石。

1. 社会秩序维护的传统途径

在很多乡村地区，社区成员之间的互动和行为受到一套严格的文化规范的指导。这包括了从简单的日常礼仪，如打招呼、餐桌礼仪、到更为复杂的社交行为规范，比如婚丧嫁娶的仪式，以及集体活动中的角色分配和行为标准。这些传统习俗有着悠久的历史，是社区成员共同遵守的非书面规则，有效地指导人们如何在社区中和谐相处，避免冲突和不和。

2. 尊老爱幼和邻里互助的文化价值

尊老爱幼是乡村文化中一个重要的价值观，它强调年轻一代对老年人的尊敬和照顾。

这一价值观不仅体现在家庭内部，也延伸到了整个社区，形成了一种普遍的社会期望，即年轻人应承担起照顾老人的责任。这种文化规范加强了代际之间的联系，增强了社区的家庭感，使得老年人得到尊重和关爱，同时给予年轻人成长和学习责任感的机会。

此外，邻里互助是乡村文化中另一核心的社会秩序维护机制。在许多乡村社区，邻里之间相互支持、在困难时互相帮助是常态。无论是在自然灾害、家庭困难还是在日常生活的小事上，邻里互助都能有效提高社区的抗压能力和自我维持能力。这种基于互助的社区文化不仅增强了人与人之间的信任和友谊，还促进了资源的合理分配和利用，增强了整个社区的凝聚力和稳定性。

3. 文化规范在现代法律体系中的补充作用

在现代社会治理中，法律提供了行为规范和纠纷解决的基本框架。然而，法律的覆盖并非无限，许多日常生活中的互动和冲突需要更微妙和灵活的处理方式。在这方面，乡村文化中的传统习俗和规范就显得尤为重要。它们在法律触及不到的领域内提供了道德指导和行为规范，帮助人们在保持法律精神的同时，也维护了社区的道德和谐与社会秩序。

通过这些机制，乡村文化不仅成为了维护社会秩序的有效工具，也保证了文化的连续性和社区的和谐。这种深植于乡村生活中的文化实践，为现代社会治理提供了宝贵的经验和启示。

（三）环境管理：传统生态智慧在现代环境保护中的应用

乡村文化中的传统生态智慧是对自然资源的理解和管理的宝贵遗产，对于指导现代环境管理实践至关重要。乡村社区凭借世代累积的经验，形成了一套独特的环境管理方法，这些方法基于对当地生态系统深刻的理解和尊重。

1. 深厚的生态知识和实践

在传统农业社区中，对土地、水资源和生物多样性的管理采取了多种有效的方法。例如，轮作制度不仅防止了土地的连作障碍，还有助于维持土壤肥力和减少病虫害的发生。使用自然肥料，如农家肥和绿肥，不仅能提供植物生长所需的营养，也能改善土壤结构，增加土壤有机质含量。水土保持技术，如梯田耕作、草地保护带和水库建设，有效控制了水土流失，保持了水源的清洁和稳定。

2. 现代环境保护的整合

这些传统的生态管理方法不仅在乡村地区实践多年，而且已被现代环境科学研究证实对维持生态平衡具有显著效果。随着全球环境问题的日益严峻，如气候变化、生物多样性丧失和土壤退化等，这些传统方法提供了可持续管理自然资源的有效途径。通过将这些传统智慧与现代科技相结合，可以开发出既尊重自然规律又高效的环境管理策略。

例如，现代农业技术可以与轮作制度相结合，通过精确的数据分析优化作物种植周期和种类搭配，从而提高产量的同时保护生态环境。同时，自然肥料的使用可以与现代生物技术相结合，开发更高效的有机肥料，减少化学肥料的依赖，降低农业生产的环境足迹。

3. 减少对化学品和外来技术的依赖

传统生态智慧的应用还有助于减少对化学品和外来技术的依赖，这不仅可以降低环境治理的成本，还能减少化学残留对环境和人体健康的潜在危害。通过采用自然和生态友好的传统方法，乡村社区能够实现真正的可持续发展，为后代留下更健康、更繁荣的生态环境。

综上所述，乡村文化中蕴含的传统生态智慧不仅是文化遗产的一部分，更是现代环境管理中不可或缺的资源。在全球推动可持续发展的当下，这些古老的智慧和方法能够为解决现代环境问题提供创新思路和实践方案，是古老智慧与现代科技融合的典范。

三、乡村文化的可持续性与创新

随着乡村振兴战略的推进，保持乡村文化的可持续性并寻求其创新发展成为了关键任务。这一任务既涉及到文化活动的现代化和市场化，也涵盖了基于乡村文化的创新社会治理模式。

（一）文化活动的现代化与市场化

乡村文化的现代化与市场化是其可持续性的重要方面，旨在使传统文化更好地适应现代社会需求并发挥其经济潜力。通过引入现代技术和创新思维，传统的乡村文化活动如节庆、民俗表演、手工艺品制作等可以被赋予新的生命力。例如，通过数字媒体的应用，传统艺术和手工艺可以在线上平台进行展示和销售，不仅扩大了其观众和消费者基础，也提高了其市场竞争力。此外，结合现代营销策略，如品牌化和故事化的包装，可以增强乡村文化产品的吸引力，从而打开更广泛的市场，带动地方经济发展。

为进一步提升乡村文化产品的市场化和国际竞争力，可以利用多渠道营销策略，比如参与国内外展览会、文化交流活动，以及通过社交媒体和电子商务平台进行宣传和销售。同时，增强产品的可追溯性和真实性认证，如使用地理标志保护，也能够提高消费者对产品原产地和制作过程的信任，从而增加其价值和吸引力。

在文化活动的现代化过程中，还需要注意保持文化的本质和独特性。这不仅需要在创新中尊重和保护传统文化的核心元素，同时也要通过教育和社区参与来促进文化的传承。例如，开展以文化传承为目的的工作坊和培训课程，鼓励年轻一代学习和继承传统技艺，同时也向他们介绍现代市场需求和技术应用，使他们能够在保留传统的同时，创造出符合现代审美和市场需求的新产品。

最后，通过政府的支持和政策激励，比如提供税收优惠、创业资助和技术援助，可以大大提升乡村文化产业的发展潜力。这些措施不仅能够帮助传统艺术家和手工艺人改善生产条件和销售渠道，还能够吸引更多的投资者和创业者参与到乡村文化的创新和市场化中来。通过这些综合措施，乡村文化不仅能够为当地社区带来经济利益，还能够在全球化的大背景下保持其文化的生命力和持续传承。

（二）创新社会治理模式：以乡村文化为基础的新型社区发展项目

乡村文化还可以作为创新社会治理模式的基础，推动新型社区发展项目。这些项目通过深入挖掘和利用地方文化资源，设计与乡村文化密切相关的社区发展计划，如文化旅游村、文化创意园区、生态农业示范区等。这类项目不仅能够增强社区成员对自身文化的认同感，还能够激发社区成员的参与热情和创造力，从而形成具有自我驱动力的社区发展模式。通过这种方式，乡村地区能够在保持文化传统的同时，探索经济自立和社会自管理的新路径。

例如，某些地区通过组织传统工艺培训班和文化节庆活动，不仅保留和传承了地方特色文化，同时也吸引了旅游和投资，增强了社区的经济基础和社会活力。此外，这些项目通过与教育、科技、艺术等其他领域的融合，推动了乡村地区的全面发展，提升了居民的生活质量和幸福感。

这种模式还包括开发以社区为主导的可持续项目，比如利用当地自然资源和文化遗产开发小规模的生态旅游项目，这不仅保护了环境，也提供了经济收入。通过这样的项目，乡村社区能够实现经济上的自给自足，同时减少外来投资依赖，增强社区的自主性和决策权。

社区内部的治理结构也可以通过引入更为民主的决策过程，如社区投票和公开会议，来确保项目的决策过程既透明又包容。这种方法有助于增强居民对项目的归属感和参与度，从而提高项目的成功率和持续性。

此外，通过与高等教育机构和研究组织的合作，可以引入新的研究和技术，帮助社区解决具体问题，如水资源管理和可再生能源利用。这样的合作不仅可以提升社区的科技水平，也可以为当地青年提供教育和就业机会，从而减少城市化带来的人口流失。

总之，乡村文化的可持续性与创新不仅有助于保护和传承文化遗产，更是推动乡村振兴、改善社会治理和促进地方经济发展的重要途径。通过现代化与市场化的手段以及创新的社会治理模式，乡村文化能够以更加活跃和多元的形式存在于现代社会中，为乡村振兴提供坚实的文化支撑和源源不断的创新动力。

第二节　乡村文化与基层社区发展的相互影响

乡村文化是一种深植于农村地区的文化表现，它不仅包括了具体的文化活动和实践，如节庆、民间艺术和传统工艺，还涵盖了广泛的社会习俗、生活方式以及与特定地理和历史背景相联系的价值观念。这种文化是基层社区生活的重要组成部分，形成了乡村社区独特的社会结构和行为模式，对居民的日常生活产生深远影响。

乡村文化在基层社区的根基尤为重要，它不仅是社区成员共同身份的象征，也是维系社区内部团结和连续性的关键因素。传统的农耕活动、节日庆典和乡土教育等，都是乡村文化传承的载体，它们在保持社区稳定和传承文化方面发挥着不可替代的作用。

此外，乡村文化与基层社区发展之间存在着密切而复杂的关系。一方面，乡村文化提供了一种视角和方法，帮助社区解决现代化进程中遇到的挑战，如城乡差异、经济转型和社会结构的变迁。另一方面，随着社区的发展，乡村文化本身也在不断地适应和变化，寻找新的生存方式和表达形式。这种双向互动不仅丰富了乡村文化的内涵，也推动了基层社区的可持续发展。

因此，深入探讨乡村文化与基层社区发展之间的关系，不仅有助于我们更好地理解乡村文化在现代社会中的作用和意义，也对于指导乡村振兴策略和实践具有重要的现实价值。通过本文，我们将进一步分析乡村文化在基层社区中的具体应用及其对社区发展的贡献，以及面对现代化挑战时的应对策略。

一、乡村文化对基层社区发展的影响

乡村文化对基层社区发展具有深刻的影响，从增强社区凝聚力到影响教育和传统的创新，乡村文化在多个层面塑造着社区的现状和未来。

（一）乡村文化增强社区成员间的联系与合作

乡村文化通过共同的文化活动和庆典增强社区成员之间的联系与合作。传统的节日庆典、乡土游戏和集体农活不仅是文化传承的活动，也是社区成员交流互动的重要场所。通过这些活动，社区成员能够在共享乐趣的同时加深相互理解，共同解决社区问题，建立起坚固的信任关系和团队精神。例如，共同筹备年度的丰收节不仅展示了农业成果，也是居民展示合作与成就的平台，从而增强了社区的内聚力和归属感。

此外，乡村文化还可以通过定期的文化工作坊和传统艺术展示活动来增强社区凝聚力。这些活动提供了一个平台，让社区成员可以学习传统工艺如编织、陶艺、或是民族音乐，进而促进跨代沟通，让年轻一代能够从长辈那里学习并继承文化精髓。这种跨代的文化传递不仅增强了家庭与社区的纽带，也有助于保存独有的文化遗产。

同时，乡村社区通过举办本地市集或文化展览，使得社区成员能展示自己的产品和手艺，这不仅促进了经济活动，也加强了居民之间的相互支持和信任。市集等活动让社区居民有机会成为既是消费者又是创造者，这种模式有助于形成经济上的相互依赖和社区内的紧密联系。

乡村地区的社区发展计划也可包括创建"文化守护者"角色，由社区内的尊敬长者或文化专家担任，他们负责组织文化活动并监督文化传承的正确性。这种角色的设立不仅确保了文化传统的连续性，同时也增强了社区成员对文化价值和社区规范的尊重。

最后，通过利用现代技术如社交媒体平台，乡村社区可以扩大其文化活动的影响力和参与度。例如，通过在线直播庆典活动和文化工作坊，即便是那些不能亲临现场的社区成员也能参与其中，这种方式能够进一步增强分散在更广范围内的社区成员之间的联系。

总之，乡村文化的活动不仅仅是文化传承的方式，更是加强社区联系、合作与整体凝聚力的有效途径。通过维持并发展这些传统与现代结合的活动，乡村社区能够在现代社会中稳固其文化基础，同时建立起更加团结和谐的社区环境。

（二）乡村文化传统在促进或阻碍社区现代化中的双重作用

乡村文化在社区发展中扮演着双重角色。一方面，传统文化的保守性有时可能会成为社区现代化的阻力，尤其是当传统观念与现代社会价值发生冲突时。例如，一些传统的性别角色和生产方式可能限制社区接受新技术或新思想。然而，另一方面，这些传统也是社区独特身份和骄傲的源泉，能激发创新而富有地方特色的解决方案。通过适当的适应和创新，可以使传统与现代发展需求相结合，如通过传统工艺的现代化改良开辟新的市场，或将传统建筑风格融入现代住宅设计，既保留了文化特色，又满足了现代生活需求。

此外，传统文化中的社会组织和决策方式也可被视为社区治理的宝贵资源。例如，乡村地区的长老会议和村民大会等传统决策机构，若能与现代民主理念和技术手段相结合，不仅能够加强社区的自治和透明度，还能促进更广泛的居民参与和更公平的资源分配。通过引入电子投票系统或在线意见征询平台，可以保持传统决策形式的同时提高其效率和包容性。

对于经济活动，传统乡村文化中的合作精神和共享经济概念，如共同耕作、互助组织等，可被创新地应用于现代的农业合作社或社区支持农业（CSA）项目。这些项目不仅可以提升农业生产的可持续性，还能加强社区内部的经济联系，创建新的就业机会。

在教育方面，传统文化可以成为创新教学方法的一部分，通过结合地方历史和文化传说，将教育内容与学生的生活经验相连，使学习更具吸引力和实用性。例如，通过讲述当地的历史故事和民间传说，教育者可以在教授语言艺术和社会学科时，激发学生的学习兴趣和认同感。

尽管乡村文化传统在某些方面可能对现代化构成挑战，但通过灵活应用和创新，它们可以转化为推动社区发展的强大动力。这种平衡的实现不仅需要社区领导者和成员的共同努力，还需要外部支持和资源的投入，以确保传统与现代之间的桥梁建设既尊重历史，又面向未来。通过这种方式，乡村社区不仅能够保持其文化特色，同时也能在现代社会中找到新的生存和发展空间。

（三）乡村文化与非正式教育

乡村文化是非正式教育的重要组成部分，它通过日常的社会实践和长辈的言传身教在无形中传授了一代又一代人生存技能和核心价值观。例如，农业知识、手工艺技能的传授往往在家庭和社区的日常活动中进行，而非通过正式的教育体系。此外，乡村文化中的故事、歌谣、谚语等富含生活智慧和道德教育，对年轻一代的价值观形成具有深远影响。这种教育方式强调实践和体验，使得学习更加贴近生活，也更容易被接受和内化。

这种非正式的教育形式在乡村社区中的作用不可小觑，它不仅帮助孩子们理解他们的文化根源，也培养了解决问题和适应环境的能力。例如，在节日准备或传统节庆中，孩子们学习到如何组织活动、协调人际关系以及如何传承仪式和习俗，这些都是正式教育系统难以提供的生活技能。

进一步地，乡村中的长辈常常扮演着知识传递者和道德榜样的角色。他们通过讲述自己的经历和乡村的历史，使年轻一代能够从中学习到社区责任感和归属感。这些故事讲述不仅是知识的传递，更是一种文化认同感的建立。

乡村文化中的非正式教育还表现在对自然环境的尊重和利用上。例如，通过参与森林的照顾、野生植物的采集和水源的保护，儿童从小就学习到了生态保护的重要性。这些活动教会他们如何与自然和谐共处，对于培养未来的环境保护者至关重要。

此外，乡村文化强调的群体合作和互助也是非正式教育的一部分。通过参与共同的农活、建筑项目或其他社区发展活动，年轻一代学习到合作与共享的价值，这对于他们未来在任何社会或职业环境中的成功都是必不可少的技能。

最后，乡村文化通过非正式教育途径提供的教育是全面的，它不仅仅关注技能的传授，更注重人格的养成和社会责任感的培养。这样的教育体验是动态的，能够适应社会的变化，同时确保文化的持续传承。这种教育的价值在于它能够激发出个体的潜力，使其成为能够为社会作出贡献的全面发展的人。

总体而言，乡村文化不仅通过其丰富多彩的表达形式塑造了基层社区的面貌，还通过教育和传统的创新对社区的持续发展起到了决定性的作用。在推进乡村振兴的过程中，如何平衡传统的保护与必要的创新，将是每一个社区都需要面对的挑战。

二、基层社区发展对乡村文化的影响

基层社区的发展对乡村文化产生了深远的影响。经济发展、社区治理的改善，以及环境变迁等因素不仅塑造了乡村文化的当代表现形式，还决定了其未来的走向。

（一）基层经济增长推进乡村文化

经济发展对乡村文化有着复杂的影响。一方面，经济增长为乡村文化的保护提供了必要的资金支持。新的经济活动，如乡村旅游、地方特产市场的开发，可以为传统艺术和工艺提供新的收入来源，使得这些文化形式得以保留和传承。然而，经济增长也可能导致传统文化的商业化和表面化，原本富有深度的文化活动可能变为吸引游客的表演，失去其原有的文化意义和社会功能。此外，经济发展带来的社会结构变化，如劳动力市场的变动和收入水平的提高，也可能改变传统文化的实践方式和文化消费习惯，导致一些传统技艺和习俗的消失。

这种经济发展的双刃剑效应需要通过细致的规划和管理来平衡。例如，政府和社区领导者可以通过制定政策来确保经济活动不仅促进经济增长，同时也支持和加强文化的可持续性。这可以包括制定文化遗产保护法规，确保新的商业活动不会破坏或曲解传统文化表达。同时，对于那些能够带来直接经济效益的文化活动，如工艺品制作或传统节庆活动，可以给予税收优惠或财政补贴，以减轻其过度商业化的压力。

此外，教育也是保护乡村文化的关键环节。通过在学校和社区中增加对传统文化的教育，不仅可以增强当地人对自己文化的认知和骄傲，还可以培养下一代对传统文化的尊重和维护的意识。例如，将传统歌舞、手工艺以及地方历史纳入学校课程，可以帮助年轻人从小就理解和欣赏他们的文化根源。

经济发展还引发了人口迁移问题，特别是年轻人从乡村迁移到城市寻求更好的就业机会。这种迁移不仅减少了文化传承的可能性，还可能导致某些文化实践的衰落。因此，创造更多的就地就业机会，通过支持小型企业和农业合作社的发展，可以帮助留住人才并保护文化遗产。

最后，乡村地区的文化活动和传统节庆也应该被视为促进地方发展的资产，通过吸引旅游和文化交流，不仅增加了经济收入，还促进了文化的外部交流和内部增值。通过这种方式，乡村文化不仅得以保存，还能够在新的经济和社会环境中继续演变和发展。

（二）社区治理支持与扩展乡村文化活动

社区治理的改善为乡村文化活动的组织与扩展提供了良好的基础。有效的社区管理可以帮助更好地规划和执行文化活动，如节庆、展览和教育工作坊，增加这些活动的影响力和参与度。社区领导者和管理机构通过支持文化活动，不仅增强了社区的凝聚力，也促进了文化遗产的传播。例如，通过社区中心举办的手工艺教学和传统节日庆典，可以加强居民对本土文化的认同和参与。同时，良好的治理还意味着能够为文化活动提供更多资源，如资金支持、场地提供和宣传推广，从而使得乡村文化能够更广泛地传播与影响。

此外，社区治理的优化还包括建立和维护与外部组织的合作关系，如与教育机构、艺术团体和商业伙伴的合作。这些合作关系能够带来新的思路和资源，例如，艺术学院可以提供专业的指导和培训，商业伙伴可以提供资金支持或市场渠道，从而丰富乡村文化的表现形式和增加其可持续性。例如，一些社区通过与当地大学合作，让学生参与到文化活动的策划和执行中，既为学生提供了实践机会，也增强了活动的专业性和创新性。

良好的社区治理还应包括对文化活动成效的监测和评估机制。通过定期评估文化活动的影响和居民的满意度，管理机构可以调整策略，以确保活动的有效性和居民的高度参与。此外，透明的决策过程和居民的参与也是社区治理的关键部分，确保文化活动能够真正反映社区成员的需求和兴趣。

社区治理的成功也依赖于志愿者的参与。通过鼓励社区成员志愿参与文化活动的策划和执行，不仅可以降低成本，增强活动的社区基础，还能培养居民之间的互助和责任感。例如，志愿者可以参与活动的组织，如场地布置、活动宣传、接待来宾等，这些经验能够增强他们的组织能力和社区归属感。

最后，通过社区治理的有效实践，乡村文化不仅能够在本地区得到保护和传承，还可以吸引更多外部的关注和参与。这种从内而外的扩展方式，不仅促进了文化的内部传承，也将乡村文化推向更广阔的舞台，实现文化与经济的双赢发展。

（三）社区居住环境变迁与乡村文化表达

社区居住环境的变化对乡村文化的表达和实践有着直接的影响。随着居住环境的现代化，例如住房的改善和公共空间的增加，传统的文化实践可能会发生变化。现代化的居住环境可能为一些文化活动提供更多的空间和设施，如更好的表演场所和展览厅，但也可能导致一些与自然和土地密切相关的传统文化活动，如传统农耕节日的庆祝方式，被修改或遗弃。此外，环境的城市化可能削弱乡村地区的自然景观和生态多样性，这些都是乡村文化不可分割的组成部分，其变化直接影响了文化的原生态表达和居民的生活方式。

环境变化对乡村文化的影响还体现在社区成员的日常活动和社交习惯上。新建的居民区可能配备了现代化的娱乐设施，如体育馆和社区中心，这些设施改变了居民聚集和社交的方式，从而也影响了传统节庆和集会的举办形式。比如，以往在室外广场举行的传统节庆现可能转移到这些现代化设施中，虽然条件更优越，但可能缺乏某些传统元素的参与和表现。

此外，随着居住环境的改变，一些传统技能和知识可能不再被新一代居民所需。例如，随着现代农业技术的引入和农作物种植模式的变化，传统农耕知识和节令观念可能逐渐被边缘化。这种技能的流失不仅是文化遗产的损失，也影响了社区内部对传统知识的尊重和传承。

环境的改变也带来了新的社区设计理念，这可以被看作是挑战也是机遇。例如，设计师和规划者在新的居住区规划中，可以有意识地融入传统建筑风格和公共空间设计，以促进传统文化活动的持续和发展。通过这样的设计，不仅保留了乡村文化的独特性，也使其能够更好地适应现代生活的需求。

最后，为了应对这些挑战，社区领导者和文化保护者需要开展更多的文化教育和宣传活动，增强社区成员对环境变迁中保持文化连续性的认识。通过组织文化展览、传统工艺工作坊和文化遗产日等活动，可以帮助居民重新连接自己的文化根源，同时也激发对保护和传承乡村文化的积极性。这种教育和参与不仅有助于文化的保存，也促进了社区的可持续发展和居民的整体福祉。

总之，基层社区的发展在提供乡村文化保护和创新机会的同时，也带来了诸多挑战。如何在保护传统的基础上探索乡村文化的现代表达，是乡村振兴中需要重点考虑的问题。

三、乡村文化与社区发展的协同策略

在乡村振兴的大背景下，协调乡村文化与社区发展的关系是实现可持续发展的关键。政策支持、社区参与和文化创新是三个主要的策略，可以有效地推动这一过程。

（一）乡村文化和社区发展的策略与政策

政府的政策支持是乡村文化保护与发展的基石。有效的政策应包括财政补助、法规保护以及促进文化传承与创新的措施。政府可以设立专项基金，支持乡村文化项目，如传统手工艺复兴、民俗节庆的举办以及乡村博物馆和文化中心的建设。此外，政府还可以通过立法保护重要的文化遗产地和非物质文化遗产，防止因商业开发等活动导致文化的丧失。通过政策倡导，也能鼓励更多的社会资本投入到乡村文化的保护与发展项目中，如通过税收优惠等激励措施吸引私人和企业投资。

为进一步促进乡村振兴，政府可以实施一系列的教育和培训计划，专注于提高乡村地区的文化意识和技能水平。这包括在学校教育中加入更多关于本地文化的课程，以及为当地艺术家和手工艺人提供技术和市场营销的培训。这样的政策不仅有助于文化的保存，也为乡村青年创造就业机会，减少他们迁移到城市的压力。

此外，政府可以利用现代技术来推广乡村文化，如通过建立在线平台分享乡村艺术和工艺，或通过虚拟现实（VR）技术让更广泛的公众体验乡村文化活动。这些技术的应用不仅可以扩大乡村文化的受众群体，还能提升文化产品的市场价值。

政府还应确保在乡村发展策略中，环境保护和文化保护能够并重。通过实施环境友好型的发展计划，确保乡村文化活动不会破坏自然景观和生态多样性，从而支持一个可持续的乡村振兴路径。

最后，建立一个多方参与的治理机制也是关键。政府可以通过建立合作伙伴关系，包括当地社区、非政府组织、学术机构和私营部门的合作，来共同设计和实施文化保护项目。这样的合作能够集合各方的资源和专长，形成一个共赢的局面，增强乡村文化的活力和吸引力。

通过这些综合政策的支持，政府不仅可以保护和振兴乡村文化，还能确保乡村社区在现代化进程中保持其独特性和活力，为实现真正的乡村振兴打下坚实的基础。

（二）增强社区参与来促进乡村文化的保护与发展

社区参与是乡村文化保护与发展的动力。社区居民作为乡村文化的直接继承者和传播者，他们的积极参与对于文化的活化与传承至关重要。通过组织文化活动、工作坊和讨论会，可以增强社区成员对自身文化价值的认识和自豪感，从而激发他们保护和发展本土文化的积极性。此外，社区可以通过成立文化保护小组或协会，让社区成员直接参与到文化遗产的保护工作中，例如，记录和传播老一辈的民间故事和食谱，或者是修复和保养传统建筑和艺术作品。

为进一步促进社区的参与和文化的活化，政府和非政府组织可以提供必要的支持和资源。例如，可以提供专业培训，教育社区成员如何有效地记录和保存非物质文化遗产，如口头传统和表演艺术。同时，可以提供资金和技术支持，帮助社区修复老旧的文化遗迹，如祠堂、古桥和传统戏台，这不仅保存了文化资产，也增强了社区的吸引力，为文化旅游提供了资源。

社区内部的传统节庆活动和乡村市集也是促进文化保护与发展的重要方式。社区可以定期举办文化节和手工艺市场，不仅让社区居民有机会展示自己的手工艺品，还可以吸引外来游客，增加外部经济输入，从而形成维护和传承文化的经济激励。

此外，社区应鼓励年轻一代的参与，通过学校教育和社区项目，使年轻人对传统文化有更深的了解和认同。例如，可以通过设立奖学金、实习项目和创新竞赛，激励年轻人探索和创新传统文化，将传统元素与现代技术和艺术形式相结合，如通过数字媒体传播传统音乐和艺术，或开发基于传统文化的电子游戏和应用程序。

最后，强化社区参与的同时，也需要强调文化多样性和包容性的重要性。在多民族和多文化的乡村地区，应通过包容所有群体的文化表达和活动，促进文化间的理解和交流，从而增强整个社区的文化凝聚力和身份认同感。这种包容性不仅增强了社区的整体社会结构，还为乡村文化的持续发展提供了更丰富的资源和动力。

总结而言，通过政策支持、社区参与和文化创新的有机结合，可以有效地促进乡村文化与社区发展的协同进步，为乡村振兴策略的成功实施提供坚实的文化和社会基础。

第三节　乡村文化在提升公民意识中的作用

乡村文化是指在特定的农村地区形成的一套生活方式、社会习俗、信仰、艺术表达和经济活动的综合体。这种文化包含了从语言、宗教信仰、民间艺术到农业实践等多方面的内容，是乡村社会结构和社区身份的重要基础。在乡村社会中，文化不仅是日常生活的背景，也是连接个体与社区、过去与现在的桥梁，它在教育后代、传递社会规范以及维系社区凝聚力方面扮演着关键角色。

公民意识指的是公民对自身作为社会成员的角色、权利、责任的认知和理解。这种意识对于促进个体积极参与社会和政治生活、维护法律和秩序以及推动社会正义和公共利益至关重要。在乡村文化中，公民意识的形成和发展深受传统价值观和社区活动的影响。例如，乡村社区中的共同劳动、节日庆典和村务决策等活动不仅加深了居民之间的联系，也潜移默化地加强了他们作为社区一员的责任感和参与感。因此，乡村文化在培养居民的公民意识、增强他们对社会参与重要性的认知方面发挥着不可替代的作用。

通过深入理解乡村文化在乡村社会中的角色和它如何影响公民意识的形成，我们可以更有效地设计和实施乡村振兴策略，使之不仅促进经济发展，也强化社会结构和提高居民的生活质量。

一、乡村文化对公民意识的塑造

乡村文化在塑造公民意识方面起着决定性作用，尤其是在培养社区责任感、增强民主参与以及推动对社会正义和平等的理解等方面。

（一）培养社区责任感

乡村文化通过其社区中的共同活动和传统习俗有效地培养了居民的社区责任感。例如，许多乡村地区会举行共同的土地整治、丰收节庆典或村落清洁活动，这些活动要求社区成员的积极参与和共同努力。通过参与这些活动，社区成员不仅为美化和改善自己的生活环境作出贡献，也加深了对个人在社区中角色和责任的理解。这种参与促进了居民之间的互助和团结，从而强化了整个社区的凝聚力和责任感。

此外，乡村文化的传承活动，如传统工艺、民俗表演和本地语言教学，也是增强社区责任感的重要途径。通过组织这些文化传承活动，社区不仅保护了其独特的文化遗产，同时也让年轻一代意识到维护这些传统的重要性。这种文化的传递不仅是技能的学习，更是一种责任的传承，促使年轻人投身于社区发展和文化保护中。

乡村地区还可以通过文化活动来解决社会问题，例如通过剧场表演或者故事讲述来提高社区对环境保护、公共卫生或社会公正的意识。这些活动使居民能够在不正式的环境中学习和讨论这些重要问题，提高了他们参与社区治理的积极性和能力。

加强社区领导力培训同样关键。通过为乡村领导者和有影响力的社区成员提供培训，如项目管理、冲突解决和有效沟通技巧，可以更好地动员社区资源，提升项目的实施效率和社区满意度。这种培训帮助领导者更有效地推动社区内的合作和文化活动的持续发展，进一步加深了社区成员的责任感和归属感。

最后，通过定期的社区会议和反馈机制，可以让居民对社区活动有更多的发言权和决策权。使居民参与到决策过程中，不仅可以提升他们对社区项目的承诺，也能促进更透明和包容的社区治理。

（二）增强民主参与

乡村文化中的集体决策过程是民主参与的一个重要方面。在许多乡村社区中，村民会定期聚集在一起，讨论和决定村庄的重要事务，如资源分配、公共工程或节庆活动的安排。这种决策过程通常需要广泛的讨论和共识形成，鼓励每个成员发表意见和投票决定。这不仅使社区成员能够直接参与到本地治理中，也教育他们如何表达自己的观点、倾听他人，并通过协商达成共识，从而培养了民主意识和公民责任感。

此外，乡村地区可以通过使用现代通讯工具和社交平台来进一步增强这种民主参与。例如，通过设置在线论坛和投票系统，即使是那些不能亲自到会议现场的村民也能参与到决策过程中来。这种技术的介入不仅可以提高决策的效率，还可以确保更广泛的社区参与和透明度。

为了加强这种民主过程，政府和非政府组织可以提供必要的培训和资源，帮助乡村社区建立更加正规和系统的决策机制。这些培训可以包括公民教育、法律知识、冲突解决技巧等，旨在提升居民的议事能力和法律意识，使他们在讨论和解决社区问题时更加自信和有效。

社区领袖的作用也不可忽视。他们不仅是信息的传递者，也是引导和激励社区成员参与决策过程的关键人物。因此，加强对社区领袖的支持和培训，使他们能够更好地组织会议、激发讨论和调解分歧，对于促进社区内的民主参与至关重要。

最后，通过定期的社区反馈和评估机制，可以确保所有社区活动和决策都能得到适当的监督和改进。这不仅增加了社区项目的透明度和账户性，还可以根据社区成员的反馈调整政策和活动，确保它们能够真正满足居民的需求。

（三）推动社会正义与平等

乡村文化中往往蕴含着深厚的社会正义和平等的传统价值观。例如，许多乡村社区强调公平分配土地和水资源、尊老爱幼以及男女平等的原则。这些价值观不仅反映在日常生活和社区活动中，也成为教育下一代的基本原则。通过故事、节日和习俗的传承，这些价值观被不断地重申和强化，帮助社区成员理解和尊重每个人的权利和尊严，促进了社会正义和平等的实现。此外，这些传统价值观也为处理现代社会中的不平等和冲突提供了道德和文化基础。

乡村文化的这些传统价值观通常通过各种形式的社会互动得以体现和传递，如共同劳作、节日庆典和村庄会议等。在这些活动中，社区成员有机会实践和体验这些价值观，如通过公平的劳动分配、共享的节日食物，以及公开透明的决策过程。这种实践不仅加深了个人对社会正义和平等重要性的认识，还强化了这些原则在现代社会中的适用性和必要性。

教育是另一种重要的传递途径。在乡村社区中，长辈和教师通过讲述历史故事、民间传说和当地英雄的事迹，传授关于正义和平等的教训。这些故事经常强调诚实、正直和公平的价值，教育年轻人在面对不公时应采取何种行动。通过这些叙述，年轻一代不仅学习到了道德课程，还理解了维护社会正义的重要性。

此外，乡村文化中的艺术形式，如民歌、舞蹈和戏剧，也是表达和促进社会正义与平等观念的强有力工具。这些艺术作品通常描绘社会中的不平等或抗议不公的故事，激发观众的同情心和正义感，推动社会对平等和公正的更深追求。

在全球化和现代化的压力下，乡村社区面临着许多挑战，包括文化同质化和社会结构变动。在这种环境下，乡村文化的传统价值观成为维护社区独特性和凝聚力的关键。通过积极的社区活动和教育项目，这些价值观不仅帮助社区成员导航现代社会的复杂性，还为全球社会提供了处理类似问题的见解和模式。

综上所述，乡村文化通过各种机制和活动，在培养公民意识和责任感方面发挥着不可替代的作用。这些文化传统不仅加深了社区成员对自身角色的理解，也为现代社会治理提供了有力的文化支撑和实践指南。

二、公民意识对乡村文化的反作用

公民意识在乡村文化的保护、发展和传承中起着至关重要的作用。当地居民的积极参与和意识提升不仅有助于维护和活化乡村传统，还能促进更为广泛的社会和政策层面的变革。

（一）增强公民意识促进乡村文化遗产的保护和传承

公民意识的增强在乡村文化遗产的保护和传承中起到了核心作用。意识到自己文化的独特价值和潜在威胁后，社区成员更可能采取积极措施来保护这些文化资产。这些措施涵盖了从日常保护传统建筑和习俗到组织文化节和工艺展览，再到通过教育和社区活动来传承传统艺术和手工技艺的广泛活动。

例如，社区可以定期组织工艺展览，展示本地工匠的作品，这不仅促进了手工艺品的销售，也提高了工艺的可见度和价值认知。此外，通过社区组织的工作坊，经验丰富的工匠有机会将编织、陶瓷制作或传统农具的制作技艺传授给年轻一代。这类活动不仅保留了宝贵的技艺，而且通过实践学习增强了社区成员之间的关系和凝聚力。

进一步地，学校和教育机构也可以发挥关键作用，通过将乡村文化融入课程来培养学生的公民意识。例如，地方历史和文化可以成为学校课程的一部分，学生可以通过访问历史地点、参与文化项目和与地方艺术家互动来深入了解自己的文化根源。

此外，增强公民意识还可以通过推广数字化项目实现，如创建在线档案库和虚拟博物馆，这些资源可以使乡村文化遗产对更广泛的观众开放，同时提供一个平台供年轻一代探索和学习。这些数字资源为文化遗产的保存提供了一个现代化的方法，确保即使在全球化和城市化的背景下，这些传统也不会消失。

总之，公民意识的增强是乡村文化遗产保护和传承的关键。通过教育、社区活动和现代技术的结合，不仅可以保护和传承传统文化，还可以确保这些文化在现代社会中继续发挥其独特和重要的作用。

（二）公民意识的提升推动乡村文化活动的自主性

提升公民意识对于促进乡村社区在文化活动和项目中的自主性具有至关重要的作用。当社区居民意识到参与和维护文化遗产的重要性时，他们更有可能积极主动地发起和参与文化活动。这种自发性可以通过多种形式体现，如自主组织的文化节庆活动、开设社区博物馆、甚至是启动地方文化的研究项目。这不仅帮助保持文化的活力，也使得文化活动更贴近社区成员的实际需求和期望，从而增加活动的成功率和持续性。

例如，社区可以组织定期的文化节，如收获节、春节庆典或其他地方重要节日的庆祝活动，由社区成员共同策划和实施。这些活动往往包括传统音乐、舞蹈表演、手工艺展示和地方美食烹饪，不仅展示了丰富的文化遗产，还加深了社区内部的联系和归属感。此外，通过自办的社区博物馆或文化展览，居民可以展示本地的历史资料、艺术作品和重要文物，这些活动不仅增加了社区成员对本地文化的了解和自豪感，同时也吸引了游客和外来人口的兴趣，增强了经济和社会活动。

社区成员的这种积极参与也促进了地方文化研究项目的发展。居民可以参与到文化遗产的记录和研究中，比如口述历史项目、传统手工艺技术的保存和创新，以及地方方言和传说的整理。这些项目不仅保护和传承了地方文化，也提升了社区成员的研究能力和创新思维。

此外，提升公民意识还带来了更广泛的社区治理参与。社区成员不仅在文化活动中扮演主导角色，他们还开始在其他社区发展决策中发挥影响力，如环境保护、教育提升和公共安全。通过这种方式，文化自主性的提升也成为了推动整个社区综合发展的一个重要力量。

总之，通过提升公民意识，乡村社区的居民不仅能更好地保护和传承自己的文化遗产，还能确保文化活动和项目的自主性和可持续性。这种自主性是社区发展的关键，能够确保文化活动不仅保持其传统意义，也能适应现代社会的需求。

（三）公民意识在推动乡村文化政策的形成

公民意识在推动地方和国家层面的乡村文化政策形成中起着至关重要的角色。当公民了解并关注自己的文化权益时，他们更可能向政策制定者发声，要求制定或改进有关文化保护的法规和政策。这种增强的公民意识推动了一系列积极的政策变革，包括文化遗产的法律保护、为文化活动提供政府资助、或是确保教育系统中包含本土文化内容。例如，社区可以通过签署请愿书、组织公开讨论或与政府官员会面的方式，来推动必要的政策改变。这样的政策倡议不仅有助于保护文化遗产，也能保证文化活动的可持续发展和更广泛的社会参与。

此外，公民意识的提升也促进了对文化多样性的尊重和保护。通过公民参与，政策制定者能够获得来自社区的直接反馈，更准确地理解和响应民众的需求。例如，多样化的文化节庆可以获得更多的公共支持和资源，保证每一个文化群体都能平等地展示自己的传统和习俗。

在推动这些政策时，民众的直接参与展现了现代民主的力量。通过在线平台和社交媒体，更多的民众可以参与到政策讨论和制定过程中，确保政策的透明性和包容性。这种方式不仅加强了政策的有效性，也增强了民众对政策过程的信任和满意度。

此外，地方和国家层面的政策倡议也需要与国际标准和最佳实践相结合。在全球化的背景下，国际合作和交流可以提供关于如何有效保护和推广乡村文化的宝贵经验。例如，通过参与国际文化遗产保护组织的项目和倡议，可以获得技术支持和资金援助，进一步加强本地文化的保护力度。

最终，公民意识的提升和积极参与为乡村文化政策的形成带来了深远的影响。这不仅促进了文化的持续发展，也加强了公民与政府之间的互动和信任，为建设更加开放和包容的社会奠定了基础。

三、乡村文化与现代公民意识的融合

乡村文化与现代公民意识的融合是一个关键过程，旨在通过教育、媒体、技术和跨文化交流加强社会的整体文化认识和公民参与。这种融合帮助乡村文化适应现代社会，同时确保其价值和传统得到新一代的理解和尊重。

（一）乡村文化教育积极培养现代公民意识

教育在培养现代公民意识中扮演着核心角色。通过将乡村文化纳入学校课程和社区教育项目，教育不仅向学生和社区成员传授本地传统知识，还培养他们的社会责任感和对文化多样性的尊重。这种教育方式通过多维度的活动和课程设计，使学生和社区居民能够更深入地了解和欣赏自己的文化根源，同时学会如何在全球化的影响下保护和发展本土文化。

学校是传承乡村文化的重要阵地。教育机构可以开设涵盖本地历史、传统艺术和民俗的课程，不仅在理论上讲授，更注重通过实践活动如传统手工艺制作、民族音乐表演和地方语言学习来进行教学。例如，学生可以参与制作传统编织物、陶瓷或参与地方剧团，通过这些亲身体验，学生不仅学到技能，更能感受到文化的魅力和深度。这种教学方法有助于学生形成对自身文化的自豪感和保护意识。

在社区教育层面，社区中心可以举办专题讲座和研讨会，探讨乡村文化在现代社会的应用以及面对全球化时如何保护和维持本土文化的独特性。这些活动可以为社区成员提供一个平台，分享他们的文化经验，讨论文化保护的策略，并从其他文化中汲取经验。例如，可以邀请文化专家或当地艺术家来分享他们的知识和见解，激发公众对文化遗产保护的兴趣和参与。

此外，学校和社区可以合作举办文化节或传统节日活动，使教育项目与社区活动相结合，进一步增强学生和居民对本地文化的认识和参与。这些活动不仅促进学生与社区成员之间的交流和互动，也有助于整个社区对乡村文化价值的认同和尊重。

通过这些综合性的教育策略，乡村文化教育可以有效地在学校和社区中培养现代公民意识，为保护和传承乡村文化遗产打下坚实的基础，同时提高公众对社会责任和文化多样性的认识和尊重。

（二）利用现代媒体和技术增强公民意识的现代表达

现代媒体和技术为传播乡村文化和增强公民意识提供了前所未有的途径。利用网络平台、社交媒体和移动应用，乡村文化的独特元素可以被更广泛地分享和讨论。例如，通过创建专门的在线平台或社交媒体页面，可以展示乡村艺术、工艺品和文化活动。这种在线展示不仅能吸引年轻人的注意，还能够激发全球观众的兴趣，从而提高乡村文化的可见性和吸引力。

此外，现代技术如虚拟现实（VR）和增强现实（AR）的应用允许创建沉浸式的文化体验。例如，用户可以通过VR头盔游览虚拟的乡村村庄，体验节庆活动和传统手工艺展示，或者通过AR技术在现实世界中叠加文化资讯和历史背景，这些技术的使用极大地丰富了人们的体验方式，并使得文化传承不受地理位置的限制。

进一步地，多媒体内容如视频、播客和互动式网页也被用来讲述乡村故事和传统知识。制作高质量的纪录片和教育视频，可以详细介绍特定的乡村文化和历史事件，这些内容可以在教育机构、在线课程或通过电视节目传播，从而帮助观众深入理解这些文化的价值和意义。

同时，数字档案馆和在线图书馆的建立使得重要的文化文献、艺术作品和音乐可以被数字化和保护，供全球用户随时访问。这不仅为乡村文化的保存提供了一个长期和可持续的途径，还使得教育者和研究者能够轻松获取到宝贵的资源。

最后，通过社交媒体平台，个人和社区可以发起和参与关于乡村文化保护和推广的在线讨论和活动。这些平台提供了一个互动的环境，让人们可以分享自己的经验、观点和创意，促进了一个更加开放和包容的文化交流环境。

总之，现代媒体和技术不仅改变了乡村文化的传播方式，也增强了公民对自己文化遗产的认识和尊重，从而在全球范围内推广乡村文化，促进了文化多样性的保护和发展。

（三）乡村文化促进不同文化和社区间公民意识交流

乡村文化在跨文化交流中扮演着重要的桥梁角色，促进了不同文化和社区间的公民意识交流。通过国际文化节、文化交流项目和合作研究等多样化的活动，乡村社区不仅有机会展示自己的独特文化特征，而且可以吸收和学习其他文化的价值观和实践。这种文化的互动和交流不仅增进了不同社区之间的相互理解和尊重，也加深了全球公民意识，让社区成员更加意识到全球互联互依的重要性，并思考如何在保护本土文化的同时，为全球文化多样性的维护做出贡献。

例如，通过参与国际文化节，乡村艺术家和手工艺人有机会将自己的作品带到世界各地展示，同时也能够直接接触其他文化的艺术作品。这样的互动不仅是文化展示的机会，更是学习和启发的过程。艺术家和手工艺人通过观察和交流，可能会发现新的材料、技术或灵感，这些新发现可以被带回本地社区，进一步丰富和发展本土文化。

此外，文化交流项目如学生和教师的交换计划、国际合作研究等，为乡村文化的传承和创新提供了新的视角和资源。学生和教师通过这些项目访问不同的国家和文化背景，不仅可以学习外语和国际礼仪，更重要的是能够从中学习到如何在全球化的背景下保持文化的独特性和连续性。这些经历通常会激发参与者对自己文化的深刻思考，并鼓励他们在回国后将所学应用于本地文化的保护和推广。

同时，合作研究项目可以帮助乡村社区解决一些由于环境变化、经济发展和社会转型等带来的文化挑战。通过与国际伙伴合作，共同研究如何有效地保存濒危文化、如何利用现代技术保护非物质文化遗产等问题，乡村社区可以获得必要的知识和技术支持，提高本地文化的生存能力和影响力。

最后，这种跨文化的交流和合作也为乡村文化在全球化进程中寻找到了自己的位置，使之不仅是本地或国家层面的宝贵资产，更成为全球文化多样性的重要组成部分。通过这些活动，乡村文化得以在全球舞台上发挥其独特影响力，同时也促进了世界不同文化的交流和理解。

通过这些方法，乡村文化与现代公民意识的融合不仅有助于文化的传承和保护，也为建设一个更加开放、包容和互联的全球社会奠定了基础。

第六章 乡村文化发展的策略与实现

第一节 政策支持与资金投入

在乡村振兴和文化发展的广阔背景下，政策支持与资金投入的重要性不容忽视。有效的政策不仅为乡村发展提供了明确的方向和架构，而资金的适时注入则是实现这些目标的关键。政策和资金的结合推动了基础设施建设、教育和技术进步，为乡村地区带来了切实的社会经济改善。此外，这些政策支持还意味着可以通过激励措施吸引更多的私人和国际投资，进一步加速乡村地区的现代化和全球化进程。

乡村文化的保护和发展尤其需要政策的关照和资金的支持，这不仅有助于保护历史悠久的文化遗产，还能创造出新的经济机会，增强社区的凝聚力和自豪感。然而，制定有效政策和确保资金得到合理使用仍面临诸多挑战。因此，必须通过持续的政策创新和管理优化，确保这些资源能够最终惠及目标群体，并推动乡村地区的持续发展与繁荣。

一、政府政策的重要性

政府政策在乡村振兴和文化发展中扮演着至关重要的角色。这些政策不仅为乡村地区提供了必要的资源和支持，还为确保文化传承和经济发展设定了框架和方向。了解政府的角色和政策的具体影响是理解乡村振兴成功的关键。

（一）政府在乡村振兴中的角色

政府在乡村振兴中的作用至关重要，其主要职责包括规划者、资助者和监管者三个方面。政府通过制定和执行具体政策，能够有效引导各类资源向乡村地区流动，从而解决一系列挑战，包括基础设施不足、教育落后和文化侵蚀等问题。

作为规划者，政府负责制定长远的发展战略，这些战略旨在促进乡村地区的整体发展并提升居民生活质量。这包括但不限于土地使用的合理规划、新型城镇化的推动以及环境保护措施的实施。这些规划通常需要跨部门的协作和专业知识，确保所有措施都能够协同工作，达到最佳的振兴效果。

作为资助者，政府通过财政补助、税收优惠和资金拨款直接或间接地支持乡村地区的各类发展项目。这些资金支持不仅限于农业扶持，还包括对教育设施的建设、医疗卫生服务的改善以及文化活动的举办。通过这些经济激励措施，政府能够促进私人和非政府组织对乡村地区的投资，进一步扩大乡村振兴的资金来源和影响力。

作为监管者，政府确保所有政策的执行都符合法律法规，并监督项目的进展情况，确保资金使用的透明性和效率。政府还需要评估各项政策和项目的实际效果，及时调整发展策略以应对新出现的挑战和机遇。此外，政府还承担着保护乡村文化遗产的责任，防止在现代化进程中文化的丢失。

总之，政府在乡村振兴中的多重角色使其成为推动这一进程的关键力量。通过综合性的规划、资金支持和严格监管，政府不仅能够解决乡村地区面临的 immediate challenges，还能为乡村地区的可持续发展奠定坚实的基础。

（二）政策对乡村文化保护与发展的直接影响

政府政策在乡村文化的保护和发展中扮演着至关重要的角色。通过一系列综合政策措施，政府不仅能够有效地保护文化遗产，还能促进乡村文化的全面发展，从而防止文化的消失和同质化。

1. 立法保护文化遗产

政府通过立法来保护文化遗产，这是保护乡村文化的一种直接和强有力的方法。例如，制定特定的文化遗产法律，明确哪些文化元素需要保护，禁止非法交易和破坏文化遗产的行为，并规定文化遗产保护区的界限。这些法律为文化遗产的保存提供了法律基础和执行力度，确保了文化资源得到恰当的管理和维护。

2. 提供文化活动的资金支持

政府通过直接资助或提供财政补助支持各类文化活动，如传统节庆、艺术展览和文化交流项目，这些活动对于活化和传承乡村文化至关重要。资金支持使得这些文化活动能够定期举办，增加了乡村地区的文化活力，同时吸引了游客和文化爱好者，提升了地区的文化吸引力。

3. 推广乡村文化的教育项目

政府还投资于乡村文化的教育项目，这包括在学校课程中加入乡村文化元素，举办文化工作坊，以及训练文化教育者等。这些教育项目帮助新一代了解和尊重自己的文化根源，同时提高了公众对乡村文化重要性的认识和支持。

4. 鼓励私人和企业的参与

除了直接的政策支持，政府还采取措施鼓励私人和企业参与乡村文化的保护与发展。这包括提供税收优惠、资金补贴和技术支持等激励措施，吸引更多的私人资本和资源投入到文化保护项目中。这种公私合作模式为乡村文化的保护和发展提供了更多的资源和创新的解决方案。

总之，政府的政策在乡村文化保护与发展中起到了核心作用。通过立法保护、资金支持、教育推广以及激励私人参与，这些政策不仅有助于保存乡村地区的历史和传统，也激活了地区经济，增强了乡村的吸引力和竞争力。这种全方位的支持确保了乡村文化的可持续发展和长期繁荣。

二、制定具体的政策措施

为了有效地支持乡村文化的保护与发展，政府采取了一系列具体的政策措施。这些措施涵盖了立法与规章制定、财政补助以及教育与培训，每一个方面都是实现乡村振兴战略目标的关键。

（一）立法与规章：确保乡村文化遗产的保护与传承

立法和规章的制定是确保乡村文化遗产得到有效保护与传承的关键手段。通过制定具体法律，可以提供一个清晰的法律框架和执行标准，从而保护文化遗产免受破坏，并促进其系统化的传承。

1. 明确的法律框架

立法提供了文化遗产保护的法律基础，确保所有相关活动都在法律允许的范围内进行。例如，许多国家和地区通过实施文化遗产保护法或类似的立法，来明确哪些文化元素属于保护对象，包括但不限于建筑、艺术品、文献以及非物质文化遗产如传统歌舞、节庆、习俗等。这些法律详细规定了文化遗产的界定、保护措施以及对违法行为的处罚，从而为文化遗产的保护提供了坚实的法律支持。

2. 保护措施与责任追究

通过立法，可以设定一系列具体的保护措施，如修复和维护古建筑、限制对文化遗产地的商业开发以及规范旅游活动以防止对文化遗产的过度消费。法律还规定了在文化遗产保护中的各种责任，包括政府的监管责任和私人所有者的维护责任，确保各方在文化遗产保护中承担相应的义务和责任。

3. 地方性规章的适应性

除了国家层面的法律，地方政府也会根据具体情况制定地方性规章，以适应特定文化保护的需求。例如，某个地区可能有独特的传统建筑风格或文化节庆活动，地方政府可以通过制定特定的规章来规范这些文化活动的举办方式，或制定特定建筑的保护标准。这样的地方规章更加细致和针对性，能够更好地解决地区文化遗产保护中的具体问题。

总之，立法与规章的制定是保护乡村文化遗产的直接和有效方式。它们不仅为文化遗产的保护提供了法律支持和执行力，还确保了文化的持续传承与发展，使得乡村地区的文化得以保存并得以尊重和繁荣。通过这些法律措施，可以有效预防和减少文化遗产因现代化和商业化进程中可能遭受的破坏。

（二）财政补助：支持文化项目与基础设施建设

财政补助是实现乡村文化项目和基础设施建设的关键因素。政府的资金支持对于推动文化设施的建设、维护以及文化活动的举办至关重要，这不仅有助于文化遗产的保护，还促进了社区的文化交流和教育。

1. 支持文化设施建设和维护

政府的财政补助可以直接用于建设和维护重要的文化设施，如博物馆、文化中心、图书馆和艺术画廊。这些设施是乡村文化活动的核心场所，提供了必要的空间和环境，让居民和游客能够接触并学习当地的历史和艺术。例如，博物馆不仅展示地区的历史和遗产，还通过展览和教育项目帮助公众更好地理解这些文化的价值。文化中心则可以举办各种艺术和文化工作坊，促进社区成员之间的互动与学习。

2. 资助文化活动的举办

财政补助同样关键于支持各种文化活动的举办，包括传统节庆、艺术展览、戏剧演出以及文化工作坊等。这些活动不仅丰富了社区的文化生活，也提高了公众对乡村文化的认知和参与。举办这样的活动有助于传承传统技艺，保持社区文化的活力，并吸引更多的游客，从而有益于地方经济的发展。例如，传统节庆能够吸引大量游客，增加当地的商业收入，同时也提升了地区的文化认同感和社区凝聚力。

3. 激发地方经济的发展

通过财政补助支持的文化项目和基础设施不仅有助于文化遗产的活化利用，还可以作为地方经济发展的催化剂。文化设施和活动吸引游客和新居民，带动了餐饮、住宿和零售业的发展，增加了就业机会，从而提高了整个地区的经济活力和可持续发展能力。

总之，财政补助在支持乡村文化项目与基础设施建设中发挥了不可替代的作用。通过政府的资金支持，不仅可以保护和传承重要的文化遗产，还能够通过丰富的文化活动和设施建设，增强公众的文化体验，同时促进地方经济的发展和繁荣。

（三）教育与培训：投资人才培养和技能提升

教育和培训是乡村文化保护与传承的重要支柱，对于培养能够维护和发展乡村文化的专业人才至关重要。政府的角色在于通过提供资金和资源支持，建立一套全面的教育体系，不仅涵盖学校教育，还包括专业的师资培训和实践性的职业培训。

1. 开设相关课程

政府可以在公立学校和高等教育机构中资助和推广开设乡村文化相关课程，如本地历史、传统艺术、手工艺以及乡村文化研究等。这些课程旨在从基础教育开始就向学生灌输对本地文化的认识和尊重，激发他们对传统文化的兴趣和保护意识。通过这种方式，学生可以从小培养对本土文化的了解和热爱，为将来可能的文化工作或进一步的学术研究打下坚实基础。

2. 提供师资培训

为了提高教育质量和效果，师资培训是不可或缺的环节。政府可以资助专门的师资培训项目，专注于提升教师在传授乡村文化知识和技能方面的能力。这包括教学方法的更新、课程内容的创新以及如何利用新技术和媒体工具进行教学。此外，还可以为教师提供工作坊和研讨会，让他们有机会学习新的教育技术，或与其他文化保护专家交流经验。

3. 建立专门的文化艺术学校或职业培训中心

建立专门的文化艺术学校或职业培训中心，是培养专业人才的另一个有效途径。这些机构可以提供更加专业和系统的培训，针对那些希望进入文化保护、博物馆工作、文化管理或传统工艺等领域的学生。这种培训不仅包括理论学习，更注重实践和技能的传授，如古建筑保护技术、传统工艺复原等，确保学生能够在毕业后直接投入到文化保护和传承工作中。

通过这些教育与培训项目的实施，可以确保乡村文化的长期保护和发展，同时为乡村地区的文化复兴提供了人才和知识支持。这不仅有助于保护和活化传统文化，还能促进社区的经济发展和文化旅游，增强社区的凝聚力和自豪感。

总体来看，这些具体政策措施结合了法律、财政和教育资源，形成了一个全方位支持乡村文化保护与发展的政策体系。通过这些措施的实施，可以有效地维护乡村文化遗产，促进文化多样性，同时为乡村地区的社会经济发展提供强有力的支持。

二、资金投入的重要性

资金投入在乡村振兴的过程中扮演着至关重要的角色。适当和充足的资金支持是实现乡村文化保护、基础设施建设和社会经济发展的基础。有效的资金流向可以加速乡村地区的综合发展，提升生活质量，并促进文化和经济的可持续发展。

（一）资金投入对乡村振兴的影响

资金投入在乡村振兴中扮演着至关重要的角色，对地区的经济和社会发展产生广泛且深远的影响。通过适当的资金分配和管理，可以大幅改善乡村地区的基础设施、教育质量以及文化保护，从而带动整体的经济提升和社区活力。

1. 改善基础设施

资金的初步和显著作用体现在基础设施的改善上。投资于道路建设可以提高区域连通性，促进人员和资源的流动，这对于农产品的市场接入至关重要。改善卫生设施和通信网络则可以提升居民的生活质量和信息获取能力，这不仅直接影响到居民的健康状态，还能够增强教育和商业活动的效率。例如，良好的通信网络可以促进电子商务和远程教育，为乡村居民带来更多的经济机会和学习资源。

2. 资助教育和培训项目

资金支持对教育和职业培训的投入是乡村长期发展的关键。通过建立或升级学校设施、提供师资培训和更新教学材料，可以显著提高教育水平，为乡村孩子打开通往更广阔世界的窗口。此外，成人教育和技能培训项目可以帮助成年人适应快速变化的劳动市场，特别是在农业技术、小企业管理和其他与当地经济直接相关的领域。这样的教育投资不仅提升个人能力，也为地区经济注入新的活力。

3. 支持文化活动和保护项目

资金还可以用于支持乡村的文化活动和保护项目，这对于保持社区的文化特色和吸引游客至关重要。资金可以用来修复和保养历史建筑、支持传统手工艺、举办文化节庆和艺术展览。这些活动不仅增强了社区成员的文化自豪感和归属感，还将乡村地区的独特文化展示给外界，吸引游客和投资者，带动地方旅游和相关产业的发展。通过这种方式，文化资金投入不仅保存了传统，还转化为了经济增长的新动力。

总之，资金投入在乡村振兴中的多方面作用体现了其不可或缺的重要性。通过针对基础设施、教育和文化的投资，不仅可以改善居民的生活质量和提升教育水平，还能够促进经济发展和文化传承，为乡村地区带来持续且全面的改善和发展。

（二）不同来源的资金支持

资金支持对于乡村振兴至关重要，不同的资金来源各具特色，能在不同的领域和方面发挥重要作用。理解这些不同来源的独特优势和潜在局限对于制定有效的资金策略和实现乡村振兴目标非常重要。

1. 政府资助

政府资助通常是乡村振兴项目的主要资金来源。政府不仅可以提供直接的财政支持来资助基础设施建设、教育提升和文化保护项目，还可以通过制定各种优惠政策，如税收减免、补贴和低息贷款，来吸引私人和外部投资进入乡村地区。这种资金支持通常目的明确，旨在解决公共问题和促进社会福祉，但可能受到政治周期和财政预算的限制，需要长期和持续的政策支持才能保证其效果和持续性。

2. 私人资金

私人资金包括企业和个人投资，这部分资金通常寻求具有经济回报的项目。许多企业愿意通过企业社会责任（CSR）项目投资于乡村地区，支持文化和教育活动，改善当地基础设施，或参与环境保护项目。私人资金的优势在于灵活性高和能够迅速部署，但这些资金往往期望能带来一定的经济回报或品牌效应，因此可能更倾向于支持有直接经济效益的项目。

3. 非政府组织

非政府组织（NGOs）在提供乡村振兴资金方面扮演了补充政府和私人部门的角色。这些组织通常专注于环境保护、文化保存、社区发展等特定领域，通过提供资金、技术支持和专业知识，来实现其社会目标。NGO 资金往往更加注重可持续性和社会影响，能够支持那些可能因缺乏直接经济回报而被忽视的项目。然而，这种类型的资金也可能受到捐赠额波动的影响，且项目选择可能受到其使命和目标的限制。

总之，乡村振兴需要来自政府、私人和非政府组织的多元化资金支持。每种资金来源都有其独特的优势和局限，成功的乡村振兴策略需能有效整合这些不同的资金来源，以实现乡村地区的全面发展。通过这样的合作和资金组合，乡村振兴项目能够充分发挥潜力，促进社区的经济发展和文化繁荣。

（三）资金管理与监督：确保资金的有效使用

资金管理和监督对于确保乡村振兴项目的资金得到有效和透明的使用至关重要。合理的管理和严格的监督机制能够最大限度地发挥资金的效用，防止资源浪费和腐败现象，从而提升项目的整体效率和公信力。

1. 建立透明的资金管理制度

有效的资金管理首先需要建立一个透明且可靠的管理制度。这包括制定明确的资金使用规则，确保所有资金的分配和使用都有清晰的指导原则和标准。此外，建立一个综合的审计程序也是至关重要的，它涉及到对资金流动的定期检查和评估，确保资金按照预定计划和目标进行使用，且不会被误用或挪用。同时，公开透明的报告系统也是必不可少的，该系统应定期向公众和相关利益相关者公布资金使用情况和项目进展，增加公众信任，提升项目透明度。

2. 实施严格的监督机制

除了建立强有力的资金管理制度外，实施严格的监督机制也是确保资金效用的关键措施。这包括定期的项目评估和审计，通过内部和外部审计师对项目的财务和操作进行全面审查。这种定期评估不仅帮助识别并解决可能的问题，还提供了改进和优化项目管理的机会。定期审计和评估能够确保项目组织在执行过程中保持透明和责任感，同时也是对资金使用效果的一种重要反馈。

3. 引入第三方评估机构和鼓励公众参与监督

为了进一步提高资金使用的透明度和效率，引入第三方评估机构进行独立的项目评估是一个有效的方法。这些机构可以提供客观、公正的项目分析和建议，帮助项目管理团队识别风险和改进空间。此外，鼓励公众参与到项目监督中也是一个不可忽视的策略。通过建立反馈机制，让社区居民和利益相关者能够直接报告他们对项目执行和资金使用的观察和担忧，不仅可以增加项目的透明度，还能提升社区成员对项目的归属感和满意度。

总之，通过建立透明的资金管理制度、实施严格的监督机制以及引入第三方评估和公众参与，可以有效地保障乡村振兴项目的资金被合理且高效地使用，从而确保项目能够达到既定的发展目标和预期效果。

三、创新与技术的应用

在乡村振兴的过程中，创新与技术的应用起到了关键作用，使乡村文化更加现代化并连接到国际舞台，同时提升了农业和文化产业的生产效率。通过实施现代科技解决方案，乡村地区能够实现可持续发展并提高居民生活质量。

（一）利用科技推动乡村文化的现代化与国际化

科技的广泛应用为乡村文化的保护、传播和现代化提供了前所未有的机遇。通过数字化工具和互联网平台，乡村地区的文化遗产不仅得以保存，还能以全新的方式向全球展示，从而提升其国际影响力和吸引力。

1. 数字化保存和展示

科技的进步使得我们能够以数字格式保存文化遗产，这包括文本、图像、音视频资料以及各种艺术作品。这种保存方法不仅能够防止物理条件下的损耗，还便于长远的数据管理和检索。例如，3D扫描技术可以用于复制古老的雕塑和工艺品，而高清摄像则能记录下传统表演艺术。通过创建虚拟博物馆和在线展览，这些珍贵的文化资料能够被全球观众随时访问，极大地扩展了其观众基础和教育价值。

2. 促进国际交流与合作

科技的利用也极大地促进了国际文化交流与合作。虚拟博物馆和在线展览使得世界各地的人们能够不受地理限制地了解和欣赏乡村地区的独特艺术和文化传统。此外，国际合作项目可以通过网络平台进行策划和执行，使得不同文化背景的艺术家和文化工作者能够共同参与项目，分享经验，创作跨文化作品，这不仅丰富了乡村文化的表现形式，也提升了其国际知名度。

3. 利用社交媒体增强互动性和可访问性

社交媒体平台的利用为乡村文化提供了一个活跃的交流和展示平台。通过微信、微博等平台，乡村文化活动如节庆、艺术工作坊和传统庆典的信息可以迅速传播，吸引更多的国内外游客关注和参与。这些平台的互动性使得观众可以直接与文化传承者交流，加深了观众对乡村文化的理解和兴趣。此外，通过在线直播这些活动，可以实时地将乡村的文化生活带给全世界，增强了文化活动的影响力和吸引力。

总之，科技的利用在推动乡村文化的现代化与国际化方面发挥着重要作用。通过有效地结合现代科技工具和传统文化内容，不仅能保护和传承这些珍贵的文化遗产，还能增强其全球吸引力和影响力，为乡村地区带来更广阔的发展前景。

（二）投资技术解决方案以提高农业和文化产业的生产效率

科技在提升农业生产效率和文化产业管理中扮演了至关重要的角色。先进的农业技术，如精准农业系统、智能灌溉和农业无人机，可以帮助农民更有效地管理作物生长，减少资源浪费，并增加产量。同样，在文化产业中，技术如增强现实和虚拟现实可以提供沉浸式的观众体验，增加文化产品的吸引力。此外，信息管理系统可以帮助文化机构更高效地管理活动、保存文化数据和提高服务质量。

在中国的一些乡村地区，通过安装太阳能板和使用智能农业设备，农民能够增加农作物产量同时减少劳动强度。在文化方面，如印度的一些乡村通过使用移动应用来记录和传播当地民间故事和歌曲，这不仅保存了珍贵的文化遗产，也使年轻一代能够通过现代方式接触和了解传统文化。

这些技术的应用不仅使乡村地区的文化和生产方式现代化，还帮助这些地区在全球化的背景下保持竞争力，为乡村地区的居民带来实实在在的生活质量提升和经济效益。通过持续投资和创新，技术可以继续在乡村振兴中扮演关键角色，推动文化与经济的双重发展。

四、跨部门合作的策略

跨部门合作是乡村振兴策略中的关键组成部分，通过整合公共和私人部门的资源和专长，可以更有效地推动乡村地区的经济发展和文化保护。这种合作模式不仅促进了资源的优化配置，还增强了项目的实施力度和影响范围。

（一）鼓励公私合作模式，促进资源共享

公私合作模式（PPP）是实现资源共享和项目资金支持的有效途径。在这种模式下，政府与私人企业或非政府组织合作，共同投资乡村发展项目，分享风险与收益。例如，政府可能提供政策支持和部分资金，而私人企业则提供资本投资、技术和管理专长。这种合作关系使得项目能够利用私人部门的创新性和效率以及公共部门的社会责任和广泛影响力。此外，这种模式还可以通过减税、补贴或其他激励措施，吸引更多私人资本投入乡村振兴项目。

（二）建立多方利益相关者的合作网络

为了实现乡村振兴的全面目标，需要建立一个包括多个利益相关者的合作网络。这个网络应该包括地方政府、私人企业、非政府组织、社区组织、教育机构和国际伙伴。通过建立这样的网络，各方可以共享资源、信息和最佳实践，同时协调各自的活动和计划，避免资源浪费和工作重复。此外，这种合作网络还可以增强各方在面对挑战时的应对能力，如自然灾害或经济危机。

总之，跨部门合作为乡村振兴提供了一种整合和利用多方资源的有效途径。通过公私合作模式和建立多方利益相关者的网络，可以更好地推动乡村地区的经济发展和文化保护，确保乡村振兴项目的成功实施和持续发展。

第二节　文化活动与传承的实施策略

在乡村振兴和文化传承的背景下，有效的实施策略对于保护和活化乡村文化具有至关重要的意义。文化活动不仅是展示乡村独特传统和习俗的平台，也是加强社区联系和提升地方认同感的重要工具。随着全球化和现代化的推进，乡村地区面临着文化同质化的风险，使得文化活动和传统的传承变得尤为重要。因此，制定和实施具有针对性的策略，以支持这些文化的持续发展和传播，是保持乡村社区活力和持续吸引力的关键。

一、确定文化传承的重点领域

为确保乡村文化的有效保护与传承，首先需要明确哪些文化元素最具代表性和价值，以便优先进行保护和推广。这个过程涉及到对文化资源的细致识别、评估和分类，从而为制定保护策略提供科学依据。

（一）识别和评估乡村地区的文化资源

识别和评估乡村地区的文化资源是实施有效文化传承计划的基础。这一过程通常涉及多学科的专家团队，包括历史学家、民俗学家、艺术家以及地方社区成员等，他们通过集体努力揭示和理解乡村的文化财富。

1. 组成多学科团队

建立一个多学科的专家团队是确保全面和深入评估的关键。历史学家能够提供关于地区历史背景和发展的洞见，民俗学家专注于解析当地的传统习俗和社会行为模式，艺术家则可以从创造性和审美的角度评价地方艺术形式和手工艺技术。同时，地方社区成员的参与至关重要，因为他们是这些文化传统的活跃传承者，对当地文化有深刻的理解和个人体验。

2. 进行田野调查和文献研究

通过田野调查、历史文献研究和社区访谈等方法，团队能够收集和记录关键的文化信息。田野调查使专家们能够直接观察和记录文化实践，如节庆活动、日常生活中的传统习惯等。历史文献的研究帮助团队了解过去与现在的文化变迁，而社区访谈则提供了居民对这些文化遗产价值的看法和个人的情感联系。

3. 分析文化资源的现状和重要性

在收集了大量数据之后，重要的一步是分析这些文化资源的现状和面临的威胁。这包括评估文化实践的活跃度、传承情况以及受现代化影响的程度。此外，还需要确定这些文化元素在社区中的功能和重要性，理解它们对维护社区认同、历史连续性和社会结构的贡献。

4. 优先级确定与传承策略

最后，基于评估结果，专家团队需与社区协商，确定哪些文化元素最急需保护和传承。这涉及制定优先级，考虑哪些元素最为脆弱，哪些对社区的文化认同最为关键。然后，根据这些优先级制定具体的保护和传承策略，旨在最大限度地保存乡村文化的独特性和活力。

通过这样的识别和评估过程，可以为乡村文化的长期保护和振兴奠定坚实的基础，确保乡村文化遗产得到恰当和有效的管理和传承。这不仅有助于保持乡村的文化多样性，也促进了地方社区的持续发展和文化自豪感的培养。

（二）选择关键的文化元素和传统进行重点保护与传承

在进行了全面的文化资源识别和评估之后，确定哪些关键的文化元素和传统应当被优先保护与传承成为了下一个重要步骤。这一决策过程涉及到对文化元素的独特性、稀缺性以及其在社区中的文化认同和价值的深入分析。

1. 独特性和稀缺性评估

优先保护的对象往往是那些具有高度独特性和稀缺性的文化元素。这包括那些只存在于特定地区、无法在其他地方找到的传统艺术形式、语言方言、手工艺技术或是特定的文化实践。例如，某个社区可能拥有独特的编织技艺或传统的制陶方法，这些因其不可复制性和濒临消失的风险而成为保护的重点。

2. 文化认同的角色

文化元素在增强地方社区的文化认同中所扮演的角色也是确定保护优先级的关键因素。那些被社区成员广泛认同并作为共同身份和历史记忆的一部分的传统和习俗，应当获得优先保护。这不仅有助于保持社区的凝聚力，也有助于传承和强化地区文化的连续性和深度。

3. 经济和社会效益

在选择哪些文化元素进行重点保护时，还应考虑到其可能带来的经济和社会效益。一些文化活动和传统，如节庆、民俗表演及特色手工艺，能够吸引游客和潜在的商业投资，从而促进地方经济发展。保护这些活动不仅有助于文化的保存，还可以作为推动经济振兴的工具。因此，评估一个文化元素的潜在经济价值和其对增强地方吸引力的贡献是非常必要的。

4. 社区参与和反馈

在确定哪些文化元素应当被优先保护的过程中，社区的参与和反馈也非常关键。通过组织公开会议和讨论，收集社区成员的意见和建议，可以确保选定的保护项目真正反映了社区的需求和愿望。这种底向上的参与过程不仅增加了项目成功的可能性，还强化了社区成员对文化传承活动的所有权和参与感。

总之，选择哪些文化元素进行重点保护是一个复杂而多维的决策过程，涉及到对文化资源的深入了解和对社区需求的充分考虑。通过综合考量独特性、文化认同、经济社会效益以及社区的参与和反馈，可以确保选定的保护策略既可行又有效，有助于乡村文化的长期繁荣和传承。

（三）制定文化遗产保护名录与优先级

为了确保文化遗产得到系统性的保护，制定一个详尽的文化遗产保护名录是至关重要的步骤。这一名录不仅作为保护工作的基础框架，还是资源分配和政策制定的重要依据。通过明确的列表和优先级设置，可以有效地指导保护工作的实施和监督，确保最需要保护的文化资产得到足够的关注和资源支持。

1. 详尽的文化遗产名录

一个全面的文化遗产保护名录应包含乡村地区内所有被认为具有重要文化价值的资

源。这些资源的详细列表应包括每项遗产的地理位置、历史背景、当前状况以及保护价值。例如，名录中应详细记录下古建筑的结构特点、历史故事、目前的保存状况和存在的破坏风险。同样，对于非物质文化遗产，如传统手工艺、民间歌舞和地方节庆等，也需要记录其传承情况、参与者和文化意义。

2. 确定保护优先级

在制定名录的基础上，进一步确定各项文化遗产的保护优先级是引导资源合理分配的关键。优先级的设定通常基于以下几个关键因素：

（1）脆弱性：考虑文化元素面临的风险和脆弱性，优先保护那些最容易受到破坏或消失的遗产。

（2）保护的紧迫性：评估各文化遗产保护的急迫程度，例如，那些受到自然灾害或人为破坏威胁的遗产应优先得到保护。

（3）潜在的文化和经济价值：考虑文化遗产对于维护社区认同、吸引游客以及其他潜在经济效益的贡献。

2. 资源分配与保护活动的实施

根据制定的优先级，相关部门可以更有效地分配有限的资源，如资金、人力和技术支持，确保重点保护的项目得到必要的关注。此外，这一名录和优先级设定还应定期更新，以反映新的发现、变化的条件和实施过程中的学习成果。

通过这样详细和系统的方法制定文化遗产保护名录及其优先级，不仅能够确保文化遗产得到有效的保护，还能增强公众对文化保护重要性的认识和参与，从而为乡村地区的文化振兴和可持续发展奠定坚实基础。

通过这一系统性的过程，可以确保乡村地区的文化传承工作既有序又有效，从而保护这些宝贵的文化资产，让未来一代也能够继续享有和传承。

二、发展文化教育与培训计划

为了保证乡村文化的有效传承并增强公众对本土文化的认识和尊重，发展专门的文化教育与培训计划至关重要。通过在学校和社区层面推广文化教育，以及确保教师具备所需的知识和技能，可以大幅提升文化教育的广泛性和质量。

（一）设立专门课程教授本地历史、艺术和手工艺

专门的课程设计对于教育和传承乡村文化具有重要意义。通过在学校中设立专门的课

程来教授本地历史、艺术和手工艺，不仅可以让学生从小培养对本地文化的了解和尊重，还可以激发他们对传统文化的兴趣和热情。

1. 教授本地历史

设立的课程中，本地历史的教学是基础，它帮助学生了解他们所在地区的过去，认识到自己社区在历史上的地位和作用。历史课程可以通过讲述重要的历史事件、重要人物和关键时期来实现，使学生能够连接过去与现在，理解文化如何塑造了现代社会。

2. 引入艺术和手工艺教学

艺术和手工艺的教学则更侧重于实践和体验，通过具体的操作让学生亲身体验和学习传统技艺。例如：

（1）绘画和雕塑：学生可以学习使用传统的材料和技术来创作艺术作品，这不仅培养他们的审美能力，还让他们了解本地的艺术风格和象征意义。

（2）音乐和舞蹈：通过学习本地的民间音乐和舞蹈，学生不仅可以提升自己的表演技能，还能深入理解这些艺术形式背后的文化故事和情感表达。

（3）传统手工艺：如编织、陶瓷制作或制作使用古老农具等，这些活动不仅教授技能，还传递了与之相关的文化和历史知识。

3. 增强文化自豪感和保护意识

通过这些课程的学习，学生不仅能够掌握知识和技能，更重要的是，他们可以增强对本土文化的自豪感和保护意识。学生通过实践中学到的不仅是技术，更是一种生活方式和思考方式的传承。此外，学校还可以通过组织文化日活动、展览和公开课等形式，让学生有机会展示自己的学习成果，进一步提高他们对本地文化价值的认识和尊重。

综上所述，通过在学校中设立专门教授本地历史、艺术和手工艺的课程，可以有效地促进学生对自己文化遗产的认识和欣赏，为乡村文化的保护和传承培养下一代的守护者。这种教育方式不仅帮助学生建立身份认同感，还为乡村地区的文化振兴提供了坚实的基础。

（二）在学校和社区中推广乡村文化教育

乡村文化教育的推广不仅应局限于学校系统内，还需要扩展到更广泛的社区层面。这种广泛的文化普及活动可以通过各种形式进行，使得所有年龄层的居民都有机会接触、学习和体验本地文化，从而加深对其价值的认识和尊重。

1. 社区中心的角色

社区中心、图书馆和博物馆可以成为乡村文化教育的关键节点。这些场所通常是社区成员集会的中心，因此非常适合作为教育和文化交流的平台。例如，社区中心可以定期举办关于本地历史、艺术和传统的展览，这些展览不仅展示地方的文化遗产，还可以通过互动展示来教育公众，如实物展示、多媒体演示或互动式展览。

2. 举办公开课程和讲座

除了静态展览，社区中心还可以举办公开课程和讲座，邀请专家、学者或当地艺术家来讲述乡村的文化故事，传授传统技艺。例如，可以定期组织手工艺工作坊，让居民亲手学习制作陶瓷、编织或其他传统手工艺品。这不仅能增加居民对传统技艺的兴趣和尊重，还能激发社区内部的创造力和协作精神。

3. 文化节和社区活动

在推广乡村文化教育的过程中，文化节等大型活动也是不可或缺的一部分。通过组织年度文化节或特定的文化庆典，不仅可以庆祝和展示乡村的文化特色，还可以吸引社区外的人士来参与和体验，从而提高整个地区的文化吸引力。这些活动可以包括传统音乐演出、舞蹈表演、美食节和手工艺市场等，使得文化交流和教育活动更为丰富和多元。

4. 促进不同年龄和背景的文化交流

通过这些教育和文化活动，不同年龄和背景的社区成员可以更好地交流和理解彼此的文化背景。老一辈的居民可以传授知识和技能给年轻一代，而年轻人则可以通过新的视角和技术来刷新传统文化的表达方式。这种跨代交流不仅增强了社区的凝聚力，也帮助构建了一个相互尊重和学习的文化环境。

总之，通过在学校和社区中推广乡村文化教育，可以更有效地保护和传承本地的文化遗产，同时增强居民的文化认同感，促进社区的文化繁荣和社会和谐。

（三）教师的角色和影响

教师在乡村文化的传授和教育质量的提高中扮演着核心和不可替代的角色。他们的专业知识、教学方法以及对文化的热情直接影响着学生对本地文化的理解和价值观的形成。

1. 教师作为知识的传递者

教师首先是知识和技能的传递者。通过专业的培训和认证，他们获得了教授本地历史、艺术和手工艺等乡村文化相关知识的能力。在教学过程中，教师利用自己的专业知识帮助学生理解文化背景，解释文化现象，并指导学生掌握相关的实践技能。这种教学不仅仅是知识的简单传授，更是对学生进行文化教育和价值观塑造的过程。

2. 激发学生的文化兴趣和责任感

教师通过各种教学活动激发学生对乡村文化的兴趣。他们设计互动性强的课程，如现场演示、实地考察、工作坊等，使学生能够直接体验和参与文化活动。通过这些生动的教学方式，学生不仅学习到知识，更能感受到文化的魅力和深度，从而激发他们对本地文化的自豪感和保护意识。

3. 影响社区文化的持续发展

教师在乡村文化的持续发展和传承中也起着至关重要的作用。他们通过教育活动将文化知识和价值传递给社区的年轻一代，这些被教育的年轻人将来可能成为文化保护的倡导者、实践者或传承者。此外，教师自身也常常直接参与到文化保护和社区活动中，通过自己的实际行动示范如何积极参与和支持本地文化的保存和发展。

4. 建立文化认同和社区连结

最终，教师的工作不仅仅局限于教室内的教学。他们通过日常的互动和社区参与活动，帮助建立和加强了社区成员之间的文化认同和社区连结。这种文化的共鸣和社区的团结是乡村振兴的基础，有助于形成共同维护和发展乡村文化的社区氛围。

总之，教师在乡村文化的教育、传承和振兴中起着至关重要的作用。他们的专业培训、教学热情以及对文化的深刻理解使他们成为连接过去与未来，传统与现代的关键桥梁。

三、 组织文化活动以促进文化交流

组织文化活动是促进文化交流、增强社区凝聚力以及推动经济发展的重要手段。通过定期举办各类文化节庆、展览、演出、市集和手工艺展销会，不仅可以展示乡村的文化多样性，还可以激发居民的文化自豪感和参与意识。

（一） 定期举办文化节庆、展览和演出

定期举办的文化节庆、展览和演出是活化乡村文化的有效方式。这些活动为居民提供了展示本地艺术、手工艺和传统习俗的平台。例如，通过组织春节庙会、秋收节或其他传统节日的庆典，不仅能够吸引当地居民参与，也能吸引外地游客，从而提升地方文化的知名度和吸引力。艺术展览和演出如民间舞蹈、戏剧和音乐会则展现了地区的艺术成就，同

时为艺术家和表演者提供了表达和交流的机会。这些活动不仅丰富了社区的文化生活，还促进了文化交流和多样性的展示，进一步激发了社区成员对传统文化的兴趣和热情。

（二）创建文化市集和手工艺展销会以增加经济效益

文化市集和手工艺展销会不仅是展示和销售手工艺品的场所，也是推动地方经济发展的重要活动。这些市集和展销会可以定期在社区中心、公园或其他公共场所举办，提供一个销售本地制作的艺术品、手工艺品、农产品等的平台。通过这种方式，手工艺人和小规模生产者能够直接与消费者接触，增加产品的销售，同时提升消费者对本地文化产品的认识和支持。此外，这些活动还能吸引更多的游客，带动相关的旅游和服务业发展，为乡村地区带来更多的经济收益。通过如此方式，乡村文化得以通过市场活动直接转化为经济利益，从而支持当地经济的可持续发展。

（三）通过社区活动增强居民参与和归属感

社区活动是增强居民对文化的归属感和社区凝聚力的关键。通过组织各类互动性强的活动如文化工作坊、讲座和社区讨论会，可以鼓励居民积极参与乡村文化的保护和传承。例如，开展传统烹饪、民族音乐或舞蹈课程，不仅有助于文化技能的传承，还可以增强不同年龄和背景人群之间的交流与理解。此外，这些活动通过强化社区成员之间的联系，增强了居民对本土文化和社区的认同感，从而构建了更加团结和谐的社区环境。通过这些举措，乡村文化的活动变成了社区的集体记忆和共同经历，加深了居民间的纽带，同时也保证了文化传统的持续与发展。

总之，通过有效地组织和实施这些文化活动，乡村地区不仅可以保护和传承其独特的文化遗产，还可以激发经济发展和社区活力，为实现文化与经济双重繁荣创造条件。

四、采用现代媒介与技术支持文化传承

在现代社会，技术和数字媒体是文化传承的强大工具，能有效地保存传统文化并将其介绍给全球观众，特别是年轻一代。利用这些工具不仅可以保护和记录文化遗产，还可以增加其吸引力和可访问性，确保文化传统在数字时代继续繁荣。

（一）利用数字化工具记录和展示传统文化

在现代文化保护的实践中，数字化工具的作用不可或缺。通过使用高清摄像和录音设备，可以详细捕捉和记录传统音乐、舞蹈表演、手工艺技术以及口头传说等文化形式。这些详尽的记录随后可被转化为数字格式并储存于在线档案库中，便于研究人员、教育者和广大公众随时访问。数字化的资料保护不仅延长了文化资产的生命，也为传统知识的传承提供了便利。进一步地，这些文化资料可以通过多媒体展示，如电子书、互动网站和在线展览，为公众提供丰富的教育资源。例如，利用增强现实（AR）技术，观众可以在自己的智能设备上观看到传统工艺的详细制作过程或是历史场景的生动重现，这种技术不仅提供了视觉上的享受，更增加了用户的互动体验，使文化学习变得更加直观和吸引人。

（二）创建虚拟展览和互动体验以吸引年轻一代

为了吸引年轻人更好地参与和体验传统文化，虚拟展览和互动体验成为了一种创新的方法。使用虚拟现实（VR）技术，可以创建一个全方位的沉浸式环境，仿佛让用户置身于历史场景之中，直观体验传统节庆、仪式或是古代的生活方式。这种技术的应用不仅让文化体验更加生动和难忘，也使得文化教育更具吸引力。此外，通过游戏化学习平台，传统文化元素和知识可以被融入到游戏中，使得学习过程既具有教育意义又具娱乐性。这种方法特别适合年轻一代，他们能在游戏的互动中自然而然地学习和接受传统文化。

（三）使用社交媒体平台提升文化活动的可见度和参与度

社交媒体已成为提升文化活动可见度和参与度的强大工具。通过 Facebook、Instagram、Twitter 和 YouTube 等平台，文化组织能够发布即将举行的活动信息、分享文化故事、展示传统艺术作品，以及直播文化活动。这些平台的广泛使用不仅使文化内容能触及全球观众，还促进了在线讨论和观众互动，极大地增强了文化活动的影响力。例如，通过社交媒体直播重要的文化节或表演，可以使那些无法亲临现场的观众也能实时参与其中，大幅扩展了活动的观众基础，提高了活动的覆盖和参与度。

综上所述，现代媒介与技术的运用在记录、保护和传播乡村文化方面发挥着不可替代的作用。通过这些工具，我们不仅能有效保存宝贵的文化遗产，还能激发更广泛的公众特别是年轻一代的兴趣和参与，确保文化遗产得到持续的关注和传承。

五、搭建合作平台以强化文化活动的影响力

为了最大化乡村文化活动的影响力和可持续性，建立一个多方合作平台是至关重要的。这种平台能够汇聚不同组织的力量，共同推动文化的保存、发展和推广。通过与当地

政府、教育机构、非政府组织和企业等多方面的合作，可以有效地集中资源、分享知识，并创造更大的社会影响。

（一）与当地政府、教育机构、非政府组织和企业合作

与当地政府合作是确保文化项目与地方发展政策相一致并获得必要的政策支持和资金援助的重要途径。政府部门通常掌握着关键的公共资源和行政权力，可以在法律、资金及其他行政方面提供必要的帮助。例如，政府可以通过提供税收优惠、直接资助或提供场地等方式支持文化项目。教育机构，如学校和大学，能够提供研究和教育支持，通过开发课程或组织研讨会帮助提高项目的教育质量和研究深度。非政府组织在社区动员和持续项目管理方面具有丰富的经验，可以有效地在地方社区推广文化项目，提升项目的社会参与度和持续性。此外，与企业的合作不仅可以带来资金投入，还可能引入创新的管理方式和技术，提高项目的运作效率和创新性。企业通过 CSR（企业社会责任）项目投入，不仅为自身品牌建设带来正面效应，同时也支持了文化的持续发展。

（二）建立跨地区合作网络以分享经验和资源

建立跨地区合作网络是促进不同地区文化项目相互学习和资源共享的有效策略。这种网络通常通过定期的会议、研讨会和信息交流平台来实现，参与者可以在这些平台上交流成功经验，讨论面临的挑战，并共同寻找解决方案。例如，网络成员可以共享最佳实践案例、训练材料、研究报告和资金来源信息，这不仅降低了各自的操作成本，也提高了整体项目的效益。此外，通过这种合作网络，各参与方可以提升在更广范围内的影响力，共同倡导乡村文化的重要性，增加公众对传统文化保护的支持和理解。

（三）吸引国内外投资与支持

为了确保乡村文化项目的可持续性和扩展性，吸引国内外的投资与支持至关重要。参与国际会议、合作项目和全球众筹活动是实现这一目标的有效途径。通过这些国际平台，项目不仅能获得必要的资金支持，还能在国际舞台上提升其可见度，吸引更多的关注和资源。例如，通过与国际文化保护组织合作，可以引入新的思想和方法，刷新传统的项目管理和实施策略，使文化项目更加符合国际标准和趋势。此外，国际合作还可以帮助本地项目接触到先进的技术和专业知识，提高项目的专业性和影响力。

总之，通过搭建一个多方合作的平台，乡村文化项目可以更有效地整合各种资源，提升项目的质量和影响力，确保文化活动能够得到持续和全面的支持。这不仅有助于文化的

保护和传承，还能增强社区的凝聚力和身份认同，促进地方的整体发展。

六、监测和评估文化活动的效果

为了确保文化活动和项目实现预定目标并有效促进乡村振兴，建立一个系统的监测和评估机制是必不可少的。这不仅帮助项目管理者理解活动的实际影响，也为未来的策略调整和资源分配提供了依据。

（一）设立评估标准和反馈机制以监测活动效果

为确保文化活动达到预期效果，首先需要明确评估的目标和标准。这涉及确定能够有效反映活动成效的具体指标，例如参与人数、社区反馈、文化保护的状态以及经济影响等。这些指标应当具体、可量化，并能全面反映活动的多方面影响。例如，参与人数可以反映活动的吸引力，社区反馈可以衡量活动的社会接受度，而文化保护状态则显示了文化资产保护的成效。在此基础上，建立有效的反馈机制也极为关键。这可以通过多种途径实现，如通过问卷调查收集参与者的直接反馈，组织社区会议讨论活动成效，或是建立在线反馈平台以便参与者随时提交意见。这些反馈不仅为项目提供改进的依据，还促进了项目管理的透明度和参与者的互动性。

（二）定期报告文化项目的进展与挑战

定期报告是监测和评估文化项目流程中的关键环节。这些进展报告应详细记录项目的各项活动，具体包括已实施的策略、取得的成果以及遭遇的挑战和问题。例如，报告可以描述特定文化活动的参与情况、所取得的社区支持以及任何资源利用的问题。这种持续的记录和报告不仅确保了项目团队的透明度和问责性，也使所有利益相关者——包括资助者、社区成员和政策制定者——能够及时了解项目的最新情况。定期更新有助于及时捕捉并应对问题，确保项目能够根据计划有效推进，并作出必要的调整。

（三）调整策略以应对反馈和市场变化

项目的长期成功需要依据监测和评估的结果灵活调整策略。这可能涉及基于收集到的数据和反馈优化活动内容、改进管理流程或重新配置资源。例如，如果反馈显示某些文化活动的参与度不高，项目团队可能需要调整宣传策略，如改变活动的时间安排、地点或是增加活动的互动和娱乐元素，以吸引更多的社区成员参与。此外，对外部环境变化的敏感性也是必不可少的，市场趋势、政策变化和经济条件的任何变动都可能影响项目的有效性和相关性。因此，定期评估外部环境并将这些信息纳入策略调整，对确保项目持续符合当前社会和文化需求至关重要。

通过这样的监测和评估机制，文化活动和项目不仅能在执行过程中保持灵活性和适应性，还能确保长期目标的实现，从而最大化其对乡村振兴的正面影响。这种持续的学习和改进过程是任何成功项目的关键，特别是在动态变化的文化领域中。

七、确保活动与策略的可持续性

确保文化活动和发展策略的长期可持续性是乡村振兴项目成功的关键。这需要通过经济自给自足的模式、本地人才培养，以及持续的政策和资金支持来实现。

（一）探索经济自给自足的模式支持文化项目

为了确保文化项目的长期可持续性，探索经济自给自足的模式至关重要。这意味着项目不仅要依赖外部资助，还需要生成内部收益来支持其运作。例如，文化活动和设施可以设计成能吸引旅游和商业投资的方式，如通过门票、纪念品销售、文化体验工作坊等方式进行商业化。此外，也可以与本地企业合作，通过品牌赞助或合作项目来获得资金支持。通过这种方式，文化项目可以逐渐减少对外部资助的依赖，增强经济独立性和自我维持能力。

（二）培养本地人才和领导力以持续推动文化活动

持续的文化活动需要依靠坚实的本地人才和领导力。培养有能力的本地居民参与到文化项目的规划、执行和管理中是非常重要的。这不仅有助于项目更好地适应本地文化和社区需求，还能增强社区的所有权和参与感。教育和培训计划应包括文化管理、活动策划、文化遗产保护等方面，以建立一个知识丰富、技能熟练的本地团队。此外，通过青年领导力项目和在职培训可以激励更多年轻人参与到文化活动中来，确保项目传承和创新。

（三）强化政策和资金支持以保障长期发展

政策和资金的持续支持是确保文化活动和策略可持续性的基础。政府和相关机构需要提供稳定的政策环境和足够的资金支持来维持项目运作。这包括长期的财政补助、税收优惠、资金拨款和技术支持等。同时，政策制定者应定期审视和调整相关政策，以适应文化市场和社区需求的变化，确保政策的现实性和效果性。通过这样的支持，文化项目可以更好地应对未来的挑战和变化，实现其长期目标和愿景。

综上所述，通过建立经济自给自足的运作模式，培养和激励本地人才，以及确保持续的政策和资金支持，可以有效地确保乡村文化活动和发展策略的长期可持续性，为乡村地区带来持续和全面的发展。

第三节　科技与教育在乡村文化发展中的应用

在当前快速变化的时代背景下，科技与教育成为了推动乡村文化发展的两大核心力量。随着科技的进步，传统的乡村文化正面临着前所未有的发展机遇和挑战。科技不仅可以帮助我们保存濒临消失的文化遗产，还能通过创新的方式增强这些文化的可访问性和吸引力。同时，教育在乡村文化的传承和发展中扮演着至关重要的角色，它是培养下一代理解、尊重并传播本地文化的关键途径。通过将科技融入教育实践，我们可以激发年轻一代对传统文化的兴趣，并为他们提供学习和探索本地文化的现代工具。

一、科技在乡村文化保存与传播中的作用

科技的进步为乡村文化的保存和传播提供了前所未有的机会。通过利用数字化保存技术、虚拟现实（VR）和增强现实（AR）技术，以及社交媒体和在线平台，乡村文化不仅得以保存其原有的形态和精髓，还能向全球观众展示其独特魅力。

（一）数字化保存文化遗产

数字化保存技术是保护文化遗产免受时间和物理条件侵蚀的有效方法。使用 3D 扫描技术，可以精确复制文化遗产物件，如雕塑、建筑和历史文物。这些数字副本不仅可以用于教育、研究和展示，还确保文化遗产得以跨越时间和空间的传承。例如，通过数字化技术，古老的建筑和雕塑可以以虚拟模型的形式呈现，让全世界的学者和学生都能够无需前往现场就能研究这些遗产。此外，将重要的文献、艺术作品和口头传统资料存储在数字档案馆中，不仅便于管理和检索，也能使全球研究者和公众随时随地通过互联网访问这些珍贵的文化资源，极大地扩展了其影响力和教育价值。这种做法不仅提高了文化遗产的保护效率，也极大地促进了全球文化的共享和传播。

（二）虚拟现实和增强现实：创造沉浸式的文化体验

虚拟现实（VR）和增强现实（AR）技术为体验和学习乡村文化提供了革命性的方法。通过 VR 设备，用户可以"身临其境"地参与到远程的文化节庆、传统工艺展示或是历史场景重现中。这种沉浸式体验对于提高用户的参与感和兴趣具有非凡的效果，使得文化教育和体验更加直观和动人。例如，用户可以通过 VR 头盔在虚拟环境中亲自体验中国春节的庆祝活动或是印第安纳波利斯 500 里赛车日的快感。与此同时，AR 技术通过将数字信息叠加到现实世界中，为用户提供了增强的现实体验。在博物馆或历史遗址中，游客可以通过自己的手机或平板电脑展示额外的历史信息或重建的历史场景，不仅丰富了游客的体验，也增加了教育的互动性和深度。

（三）利用网络工具增加乡村文化的可见性和接触率

社交媒体和在线平台已成为推广乡村文化的强大工具。这些平台使得文化活动、资讯和成果可以迅速传播到全球各地，吸引更广泛的观众。视频分享网站、博客和社交网络不仅允许用户分享和讨论文化内容，从而增加了乡村文化项目的可见度和参与度，还为乡村地区的艺术家和手工艺人提供了展示和销售自己作品的机会。例如，艺术家可以通过 Instagram 或 Facebook 直播他们的创作过程，吸引关注并与观众互动，而 Etsy 等在线市场则为手工艺人提供了一个全球性的销售平台，帮助他们直接与消费者和文化爱好者建立联系，从而实现文化与经济价值的双重提升。这种网络化的推广策略不仅扩大了乡村文化的影响范围，也为文化的可持续发展提供了新的可能性。

综上所述，科技不仅能够有效地保存和传播乡村文化，还能通过创造新的体验方式和提高全球可见性，为乡村文化的长期发展带来新的机遇。

二、教育在乡村文化传承中的关键作用

教育是乡村文化传承的基石，它不仅能传递知识和技能，还能激发对本地文化的认同感和保护意识。通过精心设计的教育课程、终身学习机会和专业的教师培训，可以确保文化知识和传统得到有效的保存和传播。

（一）教育课程的开发

开发针对性的教育课程是文化传承的基础，这些课程应广泛涵盖本地历史、艺术、语言和手工艺等方面，确保学生从小就能深入理解和欣赏他们的文化遗产。例如，历史课程可以围绕地区历史重要事件进行深入讲解，艺术课程可以包括传统绘画、雕塑或音乐的制作和演绎技巧，而语言课程则重点教授如何保存和使用方言或母语。手工艺课程不仅传授实际技能，还应教授学生理解和尊重传统工艺的文化意义和价值。通过将这些多样化的课程整合到正规教育体系中，可以确保文化教育的连贯性和系统性，从而保证每一代人都有机会学习、理解和传承自己的文化。

（二）终身学习和社区教育

终身学习和社区教育是文化传承的另一个重要方面。社区中心可充当学习和文化交流的核心，提供各类文化工作坊、讲座、展览和演出，吸引不同年龄和背景的社区成员参与。这些活动不仅加深了社区成员对本土文化的理解和尊重，也增强了社区的凝聚力。同时，利用在线课程和数字平台为那些居住在偏远或资源较少的地区的居民提供便捷的学习途径是至关重要的。这些平台通过提供视频教程、互动问答和虚拟研讨会，让学习者可以不受地理限制地按照个人的节奏和兴趣学习，从而大幅扩展文化教育的覆盖面和深度。

（三）提供教师专业发展

教师是文化教育的关键传播者，他们的专业发展对提升教育质量至关重要。教育机构应提供针对性的培训，帮助教师掌握有效教授本地文化知识和技能的方法。这包括教学方法的创新、课程内容的设计以及如何激发学生的兴趣和参与度。培训应涵盖如何使用新技术和多媒体工具来丰富教学内容和提升教学效果，例如利用数字化工具和虚拟现实技术来展示复杂的文化场景或工艺过程，使教学更加生动和吸引人。通过加强教师的教学能力和资源，可以确保文化教育的高效性和吸引力，促进学生对本土文化的深刻理解和长期兴趣。

总的来说，通过系统的教育课程开发、终身学习的机会提供以及教师的专业培训，可以有效地促进乡村文化的传承，不仅增强社区成员的文化认同感，还为未来的文化保存奠定坚实的基础。

三、结合科技与教育的创新策略

在当今迅速发展的数字时代，科技与教育的融合为乡村文化的传承提供了创新途径。通过结合传统教育方法和现代技术，可以极大地提升教学效率和学习体验，同时激发创新思维，促进文化的跨界交流。

（一）技术集成：结合传统教育方法和现代技术

技术集成课程旨在通过引入现代技术来增强传统教育体验。例如，在手工艺教学中，可以利用视频教程详细展示复杂的工艺步骤，使学生能够在任何时间回放、暂停并仔细观察技术细节，这对于学习精细或复杂的手工技艺尤其有用。此外，增强现实（AR）技术可以用于创建交互式模型，学生可以通过智能设备在现实环境中虚拟操作工具和材料，提高学习的互动性和实践感。

（二）设计交叉课程设计，促进创新思维

跨学科项目通过将科技与文化教育相结合，开辟新的学习领域，促进创新思维。例如，结合科学技术与乡村工艺，开发新的教学项目，如利用可编程机器人来制作传统编织物或使用计算机辅助设计（CAD）软件来重现和创新传统建筑模型。这种跨学科的课程不仅可以增加学生对传统文化的兴趣，还可以激发他们在科技应用、工程思维和创造性解决问题方面的能力。

（三）国际合作与交流

国际合作与交流项目通过利用现代通信技术，如视频会议和在线协作平台，使学生和教育者能够跨越地理界限进行交流和学习。这些技术让乡村学生可以参与到国际研讨会、工作坊和文化交流中，与来自不同文化背景的同龄人交流，分享他们的文化知识和学习其他国家的文化实践。此外，这种交流还可以通过共同项目的形式进行，如国际学生团队共同开发一个关于可持续发展的文化项目，既学习技术应用，也理解全球文化多样性的重要性。

总之，结合科技与教育的创新策略不仅为乡村文化教育注入了新的活力，还为学生打开了一个全新的学习世界，让他们在传承传统的同时，也能积极地参与到全球文化的交流与创新中。

四、科技与教育的可持续发展模式

确保科技和教育在乡村文化传承中的可持续发展是至关重要的。这不仅需要创新的资源管理和筹资方式，还需要有效的评估机制和政策支持来保障项目的长期成功和影响力。

（一）资金与资源的可持续管理

为确保教育和科技项目的可持续性，必须采取创新的资金与资源管理策略。与科技公司和教育机构的合作是一个有效的模式。例如，科技公司可以通过提供技术支持、软件许可或直接的财务投入来支持乡村教育项目。这种合作不仅为科技公司提供了社会责任履行的机会，也使教育项目能够利用最新技术，提高教育质量和可访问性。同时，教育机构，如大学和职业学院，可以提供专业知识、研究资源和人才培养，共同开发适合乡村地区的教育内容和科技解决方案。

（二）建立评估体系，监测科技和教育在乡村文化传承中的效果

为了确保投入的科技和教育资源能够有效促进乡村文化传承，建立一个全面的评估和反馈机制是必不可少的。这包括定期评估教育内容的覆盖度、参与度以及科技工具的使用效果。评估应收集定量和定性的数据，包括学习成果、用户满意度和技术使用的实际影响。此外，实时反馈系统可以帮助项目负责人及时调整课程内容和教学方法，确保教育活动始终符合学习者的需求和当地文化的特点。

（三）政策支持和激励措施

政策层面的支持和激励措施对于推动科技和教育在乡村文化传承中的应用至关重要。政府可以通过提供税收优惠、资金补助或研发支持来鼓励科技企业和教育机构参与乡村文化项目。此外，特定的政策，如奖励与乡村教育项目合作的企业和机构，或为在乡村地区开展教育项目的机构提供额外的研究资金，都可以大大增强这些项目的吸引力和可行性。

通过上述策略的实施，可以为乡村地区的文化传承项目提供一个坚实的科技和教育基础，从而确保这些项目能够持续发展，有效地将传统文化与现代教育方法结合起来，为乡村地区的文化保护和发展做出重要贡献。

第七章 乡村文化发展的长期机制建设

第一节 加强基层党组织引领

在迈向第二个百年奋斗目标的新阶段中，农村在城乡发展的整体战略中占据了关键位置，对于推动社会主义现代化强国的建设和中华民族的伟大复兴具有重大意义。党的十九大报告为农村现代化描绘了宏伟蓝图，而党的二十大报告再次突出了农村发展的优先战略，为我们在新时代解决农业和农村问题提供了明确的方向和规划，勾画出了全面推动乡村振兴的清晰"路线图"。在这个新时代的征程上，基层党组织在引领乡村文化健康发展的过程中扮演着至关重要的角色。迫切需要构建思想引领机制、组织协调机制、服务指导机制以及责任监督机制，推进乡村文化的创造性转化和创新性发展。乡村文化振兴不仅是乡村振兴的基础，也是其灵魂，它的全面推进将为中国式现代化的伟大事业注入新的活力。

一、强化思想引导机制促进乡村文化振兴

思想引导在任何社会形态中都起到汇聚人心和凝聚力量的核心作用，是推动社会进步的重要先导。在实现社会主义现代化的进程中，思想的统一和价值观的共识是必不可少的。作为党在基层的核心力量，基层党组织发挥着至关重要的"上传下达"功能，其思想引导力直接影响到党的执政基础和政策执行的效果。

因此，在推动乡村文化振兴的过程中，农村基层党组织必须强化对乡村文化建设的思想引导。这一引导应基于马克思主义的立场、观点和方法，坚持共产主义理想与中国特色社会主义思想，从而为乡村文化的发展培植灵魂和提供动力，确保乡村文化的发展始终在先进思想的引领下进行。

（一）建立定期学习制度

为了确保乡村文化振兴的有效推进，农村基层党组织必须建立并维护一个系统的、定

期的学习制度。这种制度旨在使党员及时了解并深入学习党的最新理论成果，确保所有的决策和活动都能紧密跟随党的发展方向和政策调整。

1. 更新学习内容以反映时代发展

根据《关于新形势下党内政治生活的若干准则》，不断地坚持和创新党内学习制度是提升党组织内部生活质量的重要措施。这意味着学习内容必须持续审视和更新，确保其反映当前的政治、经济形势及文化发展趋势。更新的内容应不仅限于理论知识，还应包括最佳实践、成功案例和新兴问题的讨论，使学习不仅停留在理论上，而是具有实际应用价值和时代相关性。

2. 定期开展集体学习与实践活动

为加强理论与实践的结合，农村基层党组织应定期组织集体学习活动，严格执行"三会一课"制度：每月召开一次党员大会，每季度召开一次党员代表大会，每年召开一次党员活动日，每月上一次党课。通过这样的结构化学习，党员能够不断提升自己的政治理论水平，并将学到的知识应用于具体工作之中。

此外，党组织应创新学习方式，引入更多互动性和实用性强的学习方法，例如研讨会、工作坊和实地考察等。这些活动不仅增强学习的吸引力，还能提高党员将理论知识转化为实际行动的能力。

3. 将理论转化为实际行动

学习的最终目的是将党中央的指导思想和关于乡村振兴的策略转化为地方的具体行动和实践。这需要党组织领导在学习中明确指出理论与本地实际情况的结合点，制定具体可行的行动计划，并督促其实施。通过这种方式，理论学习不仅仅停留在书面上，而是成为推动乡村文化及经济发展的实际力量。

通过这样的定期学习制度，农村基层党组织不仅能保持与中央党组织的思想同步，还能确保乡村文化振兴工作能顺应时代发展的需要，充分发挥文化在社会主义现代化建设中的重要作用。

（二）建立理论学习考核制度

为了确保理论学习的实效性并有效地将学习成果转化为工作成果，建立一个全面的理论学习考核制度至关重要。这样的制度不仅提升了学习的严肃性，也强化了学习成果的应用性，确保党员干部能够将理论知识有效地运用于实际工作中。

1. 多维度的学习效果评估

理论学习的考核应从多个维度进行，以全面评价学习的效果。首先，考核制度应评估党员干部参与理论学习的态度，包括学习的积极性和主动性。积极参与学习的党员应得到正面的评价，以鼓励更多的党员投身于理论学习中。

其次，理论与实践的结合程度是另一个重要的考核维度。党员干部应能将学习的理论知识应用于实际工作中，解决实际问题。通过案例分析、角色扮演和模拟实际工作场景等方式，可以更直观地评估党员将理论知识转化为实际行动的能力。

再次，考核还应涵盖理论学习的实际效果，即学习成果如何在具体工作中体现，包括提升工作效率、解决实际问题的能力等。这可以通过定期的工作审核、项目评估及同行评议等方式进行。

2. 实施具体考核方法

具体的考核方法可以包括定期的理论测试、学习报告的提交以及参与学习活动的出勤率。此外，可以引入同事和下属的反馈，作为评估党员干部将理论应用于实践的一个重要参考。这些反馈可以通过匿名调查或直接的工作评议会收集。

进一步地，可以设置一些特定的标准或考核点，比如理论学习后的行动计划的提交和实施情况，以及学习成果在实际工作中的应用案例。这些都可以作为考核党员干部理论学习成效的具体指标。

3. 连续性和更新

理论学习考核制度应具有连续性，定期更新考核的内容和方法，以适应不断变化的工作需求和新的理论发展。这不仅能保持学习的前瞻性和适应性，也能持续激励党员干部保持学习的热情和动力。

总之，通过建立和实施一套多维度、具体和连续更新的理论学习考核制度，可以有效地提高党员干部的理论水平和工作能力，确保理论学习真正转化为加强党的建设和推动乡村振兴的实际成效。

（三）建立健全党校轮训制度

为进一步加强乡村文化振兴和基层党建工作，建立和完善党校轮训制度至关重要。此举旨在系统性提升基层党员干部的理论水平和实际工作能力，尤其是对村支书及其他农村基层党员干部进行更为专业的培训，以确保他们在推动乡村发展和文化振兴中发挥核心作用。

1. 扩展培训内容和范围

党校的培训内容应全面覆盖政策理解、实际操作技能、领导能力和先进的管理知识。除了传统的政治理论教育，还应包括乡村振兴的具体政策、文化发展战略、经济管理以及社会服务等实际内容，以确保干部们能够全面掌握推动乡村全面发展所需的各项技能。

2. 针对性的专题培训

针对村支书和其他关键岗位的基层党员干部，党校应定期组织专题培训，强化其在实际工作中的应用能力。这些专题培训可以聚焦于乡村治理、农业现代化、生态保护、公共卫生、教育推广等关键领域，特别强调案例分析和问题解决方法，以便干部们能在工作中直接应用所学知识。

3. 持续的职业发展路径

党校轮训制度还应为基层党员干部提供一个持续的职业发展路径。通过设定不同级别的培训课程，使干部们有机会根据自己的工作需要和个人发展目标选择合适的课程。这不仅有助于提高他们的职业技能，还能激发他们的工作热情和创新精神。

4. 评估与反馈机制

为确保培训效果，党校应建立一套科学的评估与反馈机制。通过定期的考核、工作表现评估以及培训后的跟踪调查，可以及时了解培训效果和干部的实际表现，根据评估结果对培训内容和方法进行调整。同时，鼓励干部们提出培训中的建议和反馈，确保培训内容和教学方法持续优化，更贴合实际工作需求。

通过建立和完善这样的党校轮训制度，不仅能够确保基层党员干部持续更新知识、提高能力，还能大幅提升他们在乡村振兴和文化发展中的领导力和执行力，为推动乡村全面进步提供坚强的思想和组织保障。

二、健全组织协调机制保障乡村文化振兴

基层党组织在推动乡村文化振兴中扮演着至关重要的角色。作为党在基层的坚强阵地，充分发挥基层党组织的组织协调能力是实现经济、社会、文化发展的关键。组织协调机制的本质是利用基层党组织的组织优势，动员和整合各方资源，以推动乡村文化及其它社会事务的发展。

（一）强化基层党组织的协调职能

基层党组织在推进乡村文化振兴和整体社会发展中发挥着不可替代的协调和引领作

用。强化这一职能，意味着能够更有效地整合资源，调动各方面的积极性，以及更好地实现党的政策目标。

1. 综合理解和传达党的政策

基层党组织首先需要深入理解党中央的政策精神和战略方针，这是其协调职能的基础。只有准确无误地理解了政策，才能有效地传达给广大群众，确保政策的贯彻执行不走样。这需要组织定期的政策学习和解读会议，使每一位党员都能够准确把握政策的核心内容和实施细节。

2. 动员和组织群众

基层党组织应通过各种形式的活动动员群众参与到乡村发展中来。这不仅包括传统的会议和集会，还包括利用现代通信手段进行信息的广泛传播。通过组织群众参与乡村建设项目，如文化活动、环境美化、公共设施建设等，基层党组织可以有效地凝聚群众力量，增强群众的归属感和满足感。

3. 强化宣传和教育功能

积极开展宣传教育工作是基层党组织协调职能的重要部分。通过各种宣传渠道，如村广播、横幅、微信群等，传播党的声音，讲好乡村振兴的故事，传递正能量。同时，加强对党的理论和路线方针政策的宣传教育，提高群众的政策理解力和执行力。

4. 服务于群众的具体需求

基层党组织还应充分发挥为群众服务的职能，解决群众的实际问题。这包括但不限于提供就业指导、卫生健康服务、教育资源等。通过建立群众服务中心、开展服务月活动、设立便民服务点等方式，使党的服务直达群众，提升群众的满意度和对党组织的认同感。

习近平总书记强调，要"健全和完善党的领导方式，不断地增强地方党委总揽全局、协调各方的本领"，这要求基层党组织不仅要在传达和执行上下功夫，更要在创新和服务上做文章，真正成为推动乡村全面振兴的坚强阵地。这种全方位的职能强化，将直接影响到基层党组织在乡村振兴大局中的作用发挥，也是实现党在基层扎根的重要体现。

（二）创新组织协调机制

在新时代的背景下，面对复杂多变的社会环境和新兴的发展挑战，基层党组织必须持续创新和优化其组织协调机制。这不仅有助于更有效地动员和利用资源，也是推进乡村振兴战略的关键。通过创新协调机制，基层党组织可以更好地整合地方资源，提升政策执行的效率和效果，确保乡村文化及经济的全面发展。

1. 实施创新的参与式活动

"围炉夜话"活动是一个极佳的例子,展示了如何通过创新的方式加强社区参与和协调。这种活动通常在农民的休息时间进行,采用非正式的聚会形式,让村民们围坐在一起,共同讨论和规划乡村的未来。这样的设置不仅降低了参与门槛,还增加了活动的吸引力,使得更多的村民愿意参与到乡村治理和文化振兴中来。

2. 拓宽参与渠道

创新组织协调机制还包括拓宽群众参与的渠道。除了传统的会议和集体讨论,基层党组织可以利用数字工具和社交媒体平台,发起在线讨论和调查,收集村民的意见和建议。这种方法可以有效覆盖更广泛的人群,特别是年轻一代,他们更习惯于通过数字方式进行交流。

3. 增强活动的实际影响

为了确保这些创新活动能够产生实际效果,基层党组织需要对活动结果进行跟踪和评估,并将收集到的意见和建议转化为具体的行动计划。例如,从"围炉夜话"中得到的反馈可以直接影响村里的发展项目和文化活动的规划,确保这些计划和活动能够真正满足村民的需求和期望。

4. 创建有利的文化振兴环境

通过这些创新的组织协调机制,基层党组织不仅能够提高政策的透明度和公众的参与度,还能增强乡村文化的活力。这种机制的实施有助于激发村民的创造力和积极性,促进文化遗产的保护和发展,同时增强村民对乡村振兴过程的归属感和满意度。

综上所述,创新的组织协调机制是基层党组织适应新时代要求、有效推动乡村全面振兴的重要工具。通过持续的创新和优化,基层党组织能够更好地服务于乡村发展,为实现乡村文化和社会经济的和谐发展提供坚实的组织保障。

(三) 上下联通、内外联动

为有效推动乡村文化振兴和综合发展,基层党组织的作用必须超越单一的政策传达功能,扩展到主动规划和实施行动。这要求建立健全的上下联通和内外联动机制,以确保从政府到民间,从本地到外部的各种资源和力量能被有效调动和利用。

1. 强化上下联通

上下联通机制主要涉及基层党组织与上级党委及政府之间的信息流通和资源共享。基层党组织需要及时准确地传达上级的指导方针和政策，同时，也应将基层的实际情况和需求反馈给上级，形成良好的互动和支持机制。这种双向流通不仅可以加强政策的适应性和针对性，还可以提高执行政策的效率和效果。

2. 扩展内外联动

内外联动则是指基层党组织如何有效地整合内部和外部资源，推动乡村文化和经济的共同发展。这包括：

（1）社会力量的动员和资本的引入：鼓励和引导私人资本、非政府组织及其他社会力量参与乡村发展项目。例如，通过公私伙伴关系（PPP）模式，可以吸引私人投资参与到乡村基础设施建设、文化活动中心建设等项目中来。

（2）乡贤文化的推广：通过重振和推广乡贤文化，鼓励成功人士回乡投资或提供智力支持，不仅可以增强乡村的发展潜力，也可以提升乡村的文化自信和地位。乡贤们的回归能为乡村带来新的发展理念和经验，同时也能激发更多乡村青年的发展热情。

（3）积极引入外部资金：对外开放和寻求合作，引入外部资金支持乡村文化及其他发展项目。可以通过建立合作关系，参与国内外的各种合作项目，利用外部资源和先进经验助力乡村振兴。

3. 创建多方参与的平台

基层党组织应创建多方参与的平台，包括举办工作坊、论坛和展览等，邀请政府官员、社会企业家、学者和公众参与，共同探讨和规划乡村的文化及经济发展。这种开放和包容的平台不仅能够增强各方的沟通与合作，还能汇聚多方智慧和资源，为乡村文化振兴提供更广阔的视角和更实在的支持。

通过建立上下联通和内外联动的机制，基层党组织能够更全面地动员各方面资源，有效推进乡村文化的保护与发展，同时也为乡村经济的全面振兴提供强有力的支持和保障。

（四）建立民主协调和社会参与机制

为确保乡村文化振兴的广泛参与和持续进步，基层党组织必须建立和完善民主决策、民主管理、和民主监督机制。这些机制的核心目的是确保农民群众不仅作为政策的受益者，而且是参与者和决策者，确保他们在乡村文化发展过程中拥有实质性的声音和影响力。

1. 实现真正的民主决策

民主决策是确保所有农民群众都能参与到乡村文化及发展议程中的关键。这要求基层党组织开展广泛的咨询和讨论，确保各项文化政策和项目反映出广大群众的真实需求和愿望。为此，可以定期举办公开会议和研讨会，邀请农民直接表达他们的想法和建议。同时，采用问卷调查、在线平台等工具也能有效收集群众的意见，增加决策的透明度和包容性。

2. 加强民主管理

民主管理涉及到乡村文化项目和活动的日常运作。基层党组织应鼓励和支持农民群众直接参与到文化项目的管理和执行中，如文化节日的组织、文化遗产的保护工作以及社区文化中心的运营等。通过建立村民委员会或文化发展委员会，让农民群众在管理层担任实际职务，这不仅提高了项目的执行效率，也增强了群众对项目的归属感和满意度。

3. 健全民主监督

民主监督是确保乡村文化政策和项目正确实施的重要环节。基层党组织应设立反馈和投诉机制，允许农民群众对文化活动和项目进行监督和评价。此外，通过定期发布工作报告和进行公开审计，可以增强工作的透明度，及时纠正存在的问题。这种开放的监督环境不仅提升了项目的公信力，也让群众能够更信任和支持基层党组织的工作。

4. 促进透明的文化建设政策

实施透明的文化建设政策是确保每一项决策和活动都公开透明，所有相关的信息都应向群众公开，包括项目的资金使用、进度更新以及成效评估。透明政策的实施有助于妥善协调乡村文化基础设施建设，有效管理文化遗产保护项目，从而确保文化振兴工作的顺利进行。

通过这些综合性的民主机制，基层党组织能够真正发挥其在乡村文化振兴中的核心作用，充分调动农民群众的积极性，共同推进乡村文化的长期发展和繁荣。

三、完善服务指导机制助力乡村文化振兴

基层党组织的服务指导机制是由中国共产党的性质和宗旨所决定的。党的本质和宗旨明确指出基层党组织的重要职能之一是服务和指导基层群众的生产生活。因此，有效的服务指导机制是基层党组织紧密接触群众、团结引导群众、赢得群众信任和支持的关键，从而加深党的群众基础。

（一）强化基层服务指导能力

为有效推动乡村文化振兴，基层党组织必须加强服务指导能力，确保党员干部能够积

极参与并有效推进相关工作。这要求系统地提升党员干部的认识水平和操作能力，使他们能够更好地理解并履行在乡村文化振兴中的职责。

1. 开展定向培训和能力提升

首先，基层党组织应定期组织针对性的培训，专门针对乡村文化振兴的需求。这包括乡村文化的历史和现状、政策法规解读、项目管理、文化活动策划等方面的培训。通过这些培训，基层党员干部不仅可以增强对乡村文化振兴战略重要性的理解，还能掌握实际推动工作的技能和方法。

2. 提高实际操作能力

除了理论学习之外，还应重视提升党员干部的实际操作能力。这可以通过实地考察、参与已有的文化振兴项目、或模拟项目执行等方式进行。实践中的学习可以帮助党员干部将理论与实际相结合，更好地理解如何在具体情境中应用学到的知识和技能。

3. 强化角色认知和责任意识

对于很多基层党员干部而言，尤其是新任职的党员干部，他们可能对自己在乡村文化振兴中的角色和责任不够清晰。因此，基层党组织需要在培训中特别强调每个人的职责和期望，明确他们在推动乡村文化发展中的关键作用。通过案例分析、角色扮演和团队讨论等互动方式，加强党员干部的责任意识和团队协作能力。

4. 持续监督和评估

最后，为确保培训效果和服务指导质量，基层党组织应实施持续的监督和评估机制。这包括对培训效果的跟踪评估，对党员干部在实际工作中的表现进行定期检查，以及对其服务指导成果的量化分析。这种持续的反馈和评价机制有助于及时发现问题并调整培训内容和方法，确保党员干部能够不断适应乡村文化振兴的需求。

通过这些措施，基层党组织能够系统地提升党员干部的服务指导能力，为乡村文化振兴提供有力的人才支持和智力保障。这不仅增强了基层党组织的凝聚力和战斗力，也为乡村文化的长远发展奠定了坚实基础。

（二）建立制度化的服务指导

为了确保乡村文化振兴策略的有效实施和持续进展，基层党组织需将服务指导工作制度化，从而提供一个坚实且可靠的制度框架。这种制度化不仅符合基层党组织的职责，也是其履行服务职能的必然要求。

1. 制定服务指导的标准和程序

首先，基层党组织应制定明确的服务指导标准和程序，这些标准和程序应详细说明服务指导的各个方面，包括培训内容、服务方法、监督机制等。这些标准和程序不仅有助于统一服务质量，还能确保所有的活动和项目都能按照既定的高标准执行。

2. 建立常态化的培训机制

基层党组织应建立常态化的培训机制，定期为党员干部提供关于乡村文化振兴的培训。这些培训应涵盖乡村文化的重要性、相关政策法规、实施策略以及案例分析等，以增强党员干部的能力和提升其服务质量。常态化的培训不仅保证了党员干部的知识和技能与时俱进，也增强了他们对乡村文化振兴工作的投入感和责任感。

3. 实施有效的监督和评估机制

有效的监督和评估机制是保证服务指导质量的关键。基层党组织应设立监督体系，定期检查服务指导工作的执行情况，确保所有活动都严格遵循制定的标准和程序。此外，通过收集反馈和进行效果评估，基层党组织可以了解服务指导工作的成效，及时调整策略和方法，以适应不断变化的需求和条件。

4. 促进反馈机制的建设

建立一个开放的反馈机制，鼓励党员干部、服务受益者乃至于整个社区成员提供对服务指导工作的反馈。这种机制不仅可以帮助基层党组织收集宝贵的一手资料，以评估和改进服务指导工作，也能增加群众对这些活动的认可和满意度。

通过这些制度化措施，基层党组织将能更有效地推动乡村文化的振兴，为乡村发展提供持久的动力和支持。制度化的服务指导也将增强基层党组织的结构化和专业化，从而更好地服务于乡村社区，带动乡村全面进步和发展。

（三）持续推进乡村文化振兴指导

乡村文化的发展和振兴不是一朝一夕的事情，而是一个需要长期努力和持续关注的过程。基层党组织在这个过程中起着至关重要的指导和支持角色。为了确保这种支持的有效性和连续性，需要通过制度化的方法固定并规范服务指导职能。

1. 制度化乡村文化振兴的服务指导

首先，基层党组织应通过建立固定的服务指导体系，确保乡村文化振兴的每个阶段都得到必要的关注和资源支持。这包括定期的策略评审、目标设置和进度监控，确保所有活动都符合既定的文化振兴目标和标准。此外，制度化的服务指导还需要明确各级党员和干部在乡村文化振兴中的具体职责和任务，以保证责任明确，执行有力。

2. 长期支持与资源配置

乡村文化振兴的持久推动还需确保足够的资源投入和合理配置。基层党组织应通过持续的资源动员和优化分配，支持乡村文化项目的实施。这可能涉及寻找持续的资金来源、技术支持和专业人才等，确保乡村文化项目不仅在启动时充足，而且在整个实施期间都能保持活力。

3. 建立反馈和调整机制

为了应对乡村文化振兴过程中可能出现的问题和挑战，基层党组织需要建立有效的反馈机制，及时收集从党员干部和社区居民那里得到的反馈信息。这些信息对于评估服务指导的效果、识别问题所在以及调整策略具有重要价值。此外，基于反馈进行的策略调整能够确保乡村文化振兴活动更加贴合实际需求，增加成功的可能性。

4. 持续教育和能力提升

最后，为了应对乡村文化振兴中不断变化的需求和挑战，基层党组织应为党员和干部提供持续的教育和能力提升机会。这包括定期的培训、研讨会、和学习交流活动，旨在不断提升他们的知识水平和操作能力，使他们能更好地适应和推动乡村文化的发展。

通过这些持续的支持和指导措施，基层党组织将能够更有效地推动乡村文化的长期发展和振兴，实现乡村全面进步和繁荣的目标。

（四）激发基层党员干部的参与热情

为有效推动乡村文化振兴，激发基层党员干部的参与热情至关重要。定期开展"创先争优"活动不仅能提高党员干部的积极性，而且通过系统的评估和激励机制，可以显著提升他们在乡村文化振兴中的效率和效果。

1. 实施"创先争优"活动

"创先争优"活动旨在通过竞争和激励，鼓励党员干部在乡村文化振兴的各项任务中表现出色。这种活动可以包括多种形式，如文化项目创新竞赛、服务效率挑战、最佳实践分享等，旨在推动党员干部在实际工作中追求卓越，提高服务质量和项目执行力。

2. 引入"星级化"考核管理系统

通过"星级化"考核管理系统，基层党组织可以客观地评估每位党员干部在乡村文化振兴中的表现。这一系统将党员干部的工作绩效、创新能力和群众满意度等多个维度纳入考核，确保评估的全面性和公正性。评估结果不仅用于党员干部的表彰与奖励，也是他们职业发展和晋升的重要依据。

3. 奖惩机制的建立

建立有效的奖惩机制是确保"创先争优"活动效果的关键。优秀者可获得表彰、奖金、优先推荐参与更大规模的文化项目或提升职务等激励。对于表现不佳的党员干部，则应进行指导和再培训，必要时实施责任追究。这种奖惩机制能显著提升党员干部的工作积极性，并鼓励他们不断提升自己的能力和业绩。

4. 持续的动态监控与反馈

为保持活动的活力和适应性，基层党组织应实施持续的动态监控和反馈系统。通过定期回顾活动成效、收集参与者反馈，并根据外部环境和内部需求的变化适时调整活动设计和考核标准，确保"创先争优"活动始终保持高效和相关性。

通过上述措施，基层党组织能够有效地激发党员干部的参与热情，优化乡村文化振兴工作的执行力，从而在推动乡村全面振兴的道路上取得实实在在的进展。这不仅加强了基层党组织的凝聚力和战斗力，也为乡村文化的繁荣和发展注入了持续的动力。

四、落实责任监督机制推进乡村文化振兴

乡村振兴战略是未来长期内党和政府工作的重点领域之一，关键于解决"三农"问题并为建设社会主义现代化国家铺路。在乡村文化振兴的过程中，除了遵循文化自身的发展规律，还需要制度层面的保障，确保文化发展不受人为干扰或破坏。当前，随着责任监督制度的不断完善，基层党组织在推动乡村文化振兴中扮演了越来越重要的角色，并面临更高的要求。

（一）强化关键角色的责任监督

首先，加强对基层党组织"一把手"的责任监督至关重要。这些"一把手"包括乡镇党委书记、村支部书记等，是乡村文化振兴的直接责任人和关键执行者。自党的十八大以来，中央高度重视对这些关键角色的监督，建立了一套严密的责任监督机制。这不仅促进了农村公共文化服务体系的建设，也保护和传承了乡村优秀的传统文化。

（二）明确责任划分与落实

其次，明确和落实各级责任是确保乡村文化振兴成功的关键。虽然基层党组织"一把

手"担当首要责任，但乡村文化振兴的广泛任务需要各部门和所有党员干部的协作。通过明确责任分工，确保各方能各司其职、紧密配合，形成强大的工作合力。

（三）精准监督重点领域和关键环节

进一步，聚焦于乡村文化振兴的关键领域进行精准监督，是保障项目顺利推进的必要措施。基层党组织需加强对基础设施建设资金、社会资本参与等关键环节的监控，防范贪污腐败行为。通过实施村务公开、上级监督以及专门的项目监督，结合自我监督和外部监督，确保对乡村文化振兴项目的全程监管。同时，通过多种形式向农民公开项目信息，确保所有文化振兴活动在透明和公正的环境下进行。

这些综合监督策略确保乡村文化振兴项目能在清晰、公开的监管下实施，为乡村文化的长远发展和持续振兴提供坚实的制度保障。这样的监督机制不仅促进了文化的健康发展，还增强了基层党组织的凝聚力和战斗力，为实现乡村振兴战略目标奠定了坚实基础。

第二节 推动全民参与乡村文化发展

全民参与乡村文化的发展，不仅能够帮助传承和保护传统艺术，还能激发乡村新的社会活力与经济潜力。在这样的背景下，我们将讨论政策支持、社区活动以及教育系统如何共同作用，使得每一个公民都能成为乡村文化传承与创新的一部分。通过这种方式，乡村文化的活力将成为推动地方发展的强大动力，实现真正意义上的乡村振兴。

一、提升公众意识和教育

提升公众对乡村文化的意识和教育至关重要。首先，必须强调乡村文化的重要性和独特价值。乡村文化不仅承载着地区的丰富历史和传统，还包含了无数生活智慧和地方特色，这些都是现代社会不可或缺的文化资源。为了使更多人了解乡村文化的多样性及其对国家文化遗产的重要贡献，可以组织系列讲座和展览。这些活动不仅展示乡村文化的丰富内容，还提供了一个平台，让人们直接与文化传统互动，从而深化他们的理解和欣赏。

推广乡村文化教育计划是培养年轻一代尊重和理解传统文化的关键。在学校和教育机构中设立专门的课程极为重要，这些课程应包括实地考察、手工艺制作、民俗节庆等互动体验，使学生能够直观地感受乡村文化的魅力。通过这种亲身体验，学生可以更好地理解和欣赏他们自己文化的根源及其在现代社会中的意义。

此外，社区中的工作坊和培训班也扮演着至关重要的角色，它们鼓励居民积极参与乡村文化的保护和传承。这些活动不仅增强了社区成员的归属感，还激发了他们对保护本地文化遗产的热情。

利用媒体和社交平台提高乡村文化的可见度也同样重要。通过制作纪录片、特色短视频以及在线直播活动，乡村文化的独特面貌可以被有效地展示给全球观众。社交媒体的力量尤其不容小觑，定期发布关于乡村文化的内容不仅可以激发公众的好奇心和参与欲，还能促进更多人对乡村文化的关注和支持。

通过这些多管齐下的办法，我们不仅能够构建一个更为全面和深入的乡村文化教育和传播体系，还能为乡村文化的振兴奠定坚实的社会基础。这种广泛的文化认知和参与将使乡村文化得到更好的保护、传承和发展，最终实现其在全社会中的可持续振兴。

二、政策支持和激励措施

政府在乡村文化保护和振兴方面扮演着至关重要的角色，能通过一系列政策和激励措施引导公众、私人和企业的参与。有效的政策设计和实施是促进各方面投入到乡村文化活动中的关键。

（一）设计和实施激励政策

首先，政府需要设计并实施一系列政策，这些政策不仅应鼓励公众对乡村文化的关注和参与，还应激发私人和企业对乡村文化资产的投资兴趣。例如，政府可以通过提供税收减免、低利贷款或直接补助来支持那些投资于乡村文化旅游、传统工艺复兴等项目的个人或公司。这类政策能够降低参与者的初始成本，减少他们面临的财务风险，从而激励更多的投资者和企业家投入到乡村文化的保护和发展中。

（二）提供财政激励

提供财政激励措施，如税收优惠和直接补助，是推动私人和企业参与乡村文化振兴的重要手段。税收减免可以有效降低企业和个人参与乡村文化项目的经济负担，而直接的财政补助则可以为这些项目提供必要的启动资金，尤其是在初期投入较大、风险较高的情况下。这些激励措施不仅有助于快速启动和执行文化项目，还能长期维持其运营和发展。

（三）建立公私伙伴关系

建立有效的合作机制，特别是公私伙伴关系（PPP），也是保护和振兴乡村文化的关键策略。政府可以与私人企业、非营利组织甚至国际组织合作，共享资源，优化专业技能和管理经验，共同推动乡村文化的长期发展。这种合作模式不仅有助于资源的合理配置，还能增强项目的可持续性和影响力。例如，通过与地方企业合作，可以将传统技艺与现代市场有效结合，同时，非营利组织的参与可以保证项目的社会责任和文化敏感性。

通过这些综合的政策支持和激励措施，可以更有效地动员社会各界的力量，共同参与到乡村文化的保护与振兴中来。这不仅能为乡村地区带来经济上的益处，还能实现社会和文化的深刻变革，从而为整个社会的可持续发展作出贡献。

三、促进社区驱动的文化项目

（一）支持本地文化节日、艺术展和手工艺市场

组织和支持本地文化节日、艺术展览和手工艺市场是活跃社区文化生活的重要途径。这些活动不仅提供了一个展示社区成员才艺的平台，还有助于增强社区的凝聚力和身份认同。政府和非政府组织可以通过提供资金支持、场地资源和宣传推广帮助组织这些活动，使其成为吸引本地居民及游客的重要文化事件。例如，通过赞助社区艺术节或者手工艺市场，可以让艺术家和手工艺人得到展示自己作品的机会，同时也为社区居民带来丰富多彩的文化体验。

（二）鼓励成立文化促进团体和协会

鼓励和支持社区成立文化促进团体和协会是另一种推动文化活动可持续发展的关键策略。这些团体和协会可以作为社区成员与外部资源之间的桥梁，不仅协调资源，还可以为社区成员提供文化教育和技能培训。这样的组织可以帮助社区成员提高参与文化活动的能力和热情，例如通过举办定期的艺术工作坊、传统音乐会或舞蹈表演来促进文化交流和技能传承。

（三）设立社区领导的文化保护和发展项目

设立由社区领导的文化保护和发展项目对于保持文化的活力和传承至关重要。这类项目可以专注于保护特定的文化遗产或习俗，例如修复传统建筑、振兴传统手工艺或保存并传播本地的口头历史。通过让社区成员直接参与这些项目的规划和实施，不仅能增强他们对本地文化的认同感，还能实际提升他们的生活质量和社区的整体文化水平。例如，一个

关于古老村庄修复的项目不仅保护了历史遗产，还可能吸引旅游，增加社区的经济收入。

通过以上措施，我们可以有效地促进社区内部的文化自主性和创新能力，从而为乡村文化的长期繁荣和发展奠定坚实的基础。这样的策略确保文化活动不仅反映了社区的独特需求和特色，还促进了广泛的社会参与和文化传承。

四、创新和创意产业的推动

在创新和创意产业的推动方面，结合乡村文化元素与现代艺术和技术是一种具有前瞻性的策略，可以显著增强乡村地区的文化吸引力和经济潜力。

首先，促进乡村文化元素与现代艺术和技术的结合，意味着将传统文化与当代表达方式相融合。这可以通过数字化传统艺术作品、利用现代设计理念重新诠释民间艺术或通过高科技手段展示传统文化来实现。例如，利用虚拟现实（VR）技术重现历史场景或节日，不仅可以为更广泛的观众群提供沉浸式的文化体验，还能激发年轻一代对传统文化的兴趣。

其次，支持创意产业中的小型企业和创业者使用乡村文化元素，可以帮助他们开发独特的产品和服务，从而在竞争激烈的市场中脱颖而出。政府和相关机构可以提供资金支持、业务培训以及市场进入策略等帮助，鼓励这些企业探索和利用本地文化资源，如手工艺品、农产品和传统艺术。

最后，开展与文化相关的创新工作坊和竞赛也是推动文化创新的有效手段。这些活动不仅可以激发社区成员的创意思维，还能提供一个平台，让创作者展示其创新项目和创意解决方案。例如，通过组织定期的设计竞赛或创意挑战，参与者可以在实际项目中尝试将传统文化元素与现代设计或技术结合，推动文化与经济的双重发展。

通过这些策略的实施，我们不仅能够保护和振兴乡村文化，还能为乡村地区带来经济发展的新机遇，使其在全球化的大背景下保持独特的地方特色和竞争力。

第三节　加强乡村网络文化建设工程

在当今数字化时代，加强乡村网络文化建设工程显得尤为重要，这不仅是推动乡村振兴的重要方面，也是促进文化传承和创新的关键路径。乡村网络文化建设旨在通过现代信息技术，使乡村地区的文化资源更加丰富，信息传递更加便捷，从而激发乡村的文化活力与经济发展。

一、加强数字政策的顶层设计，推动乡村文化振兴

数字化乡村战略基于信息化和网络化，为农业和乡村文化的现代化提供了独特的发展机会。地方政府需把握这一时代机遇，从政策制定入手，科学规划数字化与乡村文化振兴的结合，确立明确的发展目标，开启乡村文化建设的新篇章。

（一）优化数字政策环境，把握发展机遇

数字化乡村战略是实现乡村文化振兴的重要机遇。把握这一机会，可以有效缩小城乡差距，弥合数字鸿沟，并推动乡村文化及经济的全面发展。当前，随着现代化和城镇化的推进，乡村传统文化及其产业面临挤压，表现出衰落趋势。数字技术的应用突破了乡村文化在时间和空间上的局限，促进了文化与产业的跨界融合，使得以数字文化产业为主的新兴产业逐渐成为主流。因此，政府在推动乡村文化振兴的过程中，应充分利用数字建设的政策红利，依托当地的文化资源和区位优势，整合文化和经济资源，进行有效的顶层设计。

（二）制定科学规划

在数字乡村战略的大背景下，国家和地方政府应制定全面的发展规划。党中央和国务院应以乡村文化的长远和可持续发展为基础，建立完善的数字乡村文化建设体系，制定详细的实施方案，确保文化建设的有序进行。地方政府和文化部门应结合国家大政方针和当地实际情况，将文化建设纳入数字乡村建设的具体规划中，制定针对性的实施方案和建设指标。此外，应考虑当地的具体实践和存在的问题，及时调整相关政策，特别是在中西部较少发达地区，应借鉴先进地区的经验，提出具有地方特色的策略，增强乡村文化自信。

（三）加强工作协调，发挥政策的组合效应

为确保数字乡村文化振兴的高效推进，需完善政府间的工作协调机制，避免部门间的信息孤岛，强化合作和资源共享。各相关部门，包括农业农村局、文化体育和旅游局、经济科技和信息化局等，应共同参与，协调推动，形成合力，为乡村文化振兴创造有利条件。通过多部门政策的交叉组合，可以形成政策间的互动和叠加效应，从而更有效地支持乡村文化的发展。

二、夯实乡村文化数字化转型基础，扩展资金来源

在乡村文化的数字化转型过程中，"单线不成丝，独木不成林"体现了政策和资金支持的重要性。政府需增加财政投入，并建立专项资金用于数字文化平台的构建，同时引入社会资本，拓宽资金来源，并强化监督管理。

（一）增强财政投入与资金透明度

为了实现乡村全面网络覆盖，政府需加大财政投入，特别是在基础设施薄弱的区域。应首先增加国家级的财政支持，重点考虑数字平台建设的资金分配，确保为数字基础设施建设和乡村文化活动提供足够的启动资金。地方政府也应根据本地需求出台配套措施，支持公共数字文化平台的发展，使村民能更便利地参与文化活动。此外，透明化专项资金的管理至关重要，通过定期公开和上级部门的跟踪监督，确保资金的有效利用。在资金保障后，应进一步完善数字乡村文化平台的建设，如推进数字图书馆和文化馆的建设，以激发村民在后疫情时代线上参与文化活动的热情。

（二）引导社会资本，加强政府监督

鉴于中国乡村的广泛分布和不同需求，单靠国家财政支持难以满足所有需求。政府应发挥资金的引导作用，强化与社会资本的合作。一方面，可以创建乡村文化市场化平台，支持数字文化企业的发展，如鼓励大型数字企业与乡村合作，增强其投资信心。同时，鼓励成立乡村文化建设投资基金，动员社会各界积极参与，扩宽融资渠道，减轻政府财政压力。另一方面，政府应根据国家政策，建立完善的激励机制，研究出台在财政、金融和融资方面的优惠政策，支持数字乡村文化企业，降低融资门槛，吸引更多社会资本投入乡村文化的数字化建设中。

三、加强人才引进和培养，构建数字人才队伍

数字化专业人才是推动乡村创新和文化振兴的关键资源。为了有效实现数字技术与乡村文化的融合，必须突破人才短缺的限制，优化人才发展环境，培养本土人才，并积极引进外部专业人才。

（一）优化乡村人才发展环境

首先，为吸引和留住人才，需提供全面的政策支持和改善生活及工作环境。改善基础

设施如交通、通信等，并完善社会保障包括住房、教育、医疗等，以提升乡村的居住和工作条件。此外，提供有竞争力的薪酬和福利待遇是关键，这包括住房补助、子女教育解决方案、交通和餐饮补助等。通过这些措施，提高人才的满意度和留存率。同时，通过业绩评比、奖励和晋升机会等正向激励，认可和奖励那些在乡村文化振兴中做出贡献的人才，增强他们的归属感和成就感。

（二）扩大乡村人才引进规模

面对乡村地区的人才吸引力不足，上级政府应主动派遣专业人才支持乡村发展。此外，地方政府应加强与高等教育机构和科研机构的合作，共同制定人才培养计划，针对乡村的特定需求，培养符合乡村发展的高素质人才。利用公务员考试、三支一扶、选调生等政策，拓宽人才选拔渠道，吸引具有现代技术视角的人才下乡，同时解决他们的职位安排和待遇问题，确保这些人才能在乡村扎根。

（三）积极培育乡村本土人才

除了引进外部人才，培养乡村本土人才同样重要。鼓励具有现代知识和技能的本土人才返乡参与乡村振兴，分享其技术和经验，激发更多村民参与数字乡村建设。选拔有潜力的本土人才进行系统培训，使他们掌握必要的技术和技能，并在乡村内部进行知识传承。同时，利用地方高校和科研机构的资源，常态化开展继续教育和培训，提升本土人才的技术能力和创新能力，使他们成为乡村文化和经济振兴的领军人物。

四、普及数字知识，提升村民的数字素养和技能

俗话说，"打铁还需自身硬。"村民作为数字乡村文化振兴的核心力量，他们的数字意识和技能是推动数字化在农村地区全面发展的关键。提升村民的数字素养不仅可以丰富他们的日常生活，还能助力数字农业、数字治理和数字经济等领域的发展。熟练运用互联网、数字平台和数字图书馆等工具，对于传承和弘扬乡村文化至关重要。

（一）加强数字生活的宣传教育

随着现代信息技术的快速发展，数字化生活已深入人们生活的各个方面。政府应制定多样化的宣传计划，通过整合不同的宣传手段，全面向村民展示数字技术如何赋能乡村文化振兴。一方面，应利用数字电视、电子显示屏、官方社交媒体等数字媒介发布乡村数字

化发展的内容，使村民能够直观地了解到数字化带来的变化。另一方面，也应注重传统的线下宣传，如在村庄公共场所张贴宣传海报，举办文化交流活动，使数字化生活的概念更加深入人心。

（二）实施针对性的教育培训

为了提升村民的数字利用能力，基层政府需要根据当地实际情况，制定并实施以"实用、实效"为原则的教育培训计划。首先，应在乡村设立信息化教育点，聘请专家进行数字技能的教学，定制适合当地需求的培训课程。其次，发展乡村网络教育，利用"互联网+教育"的模式，便于村民在家门口就能学习到实用的数字知识和技能。此外，鼓励开展志愿服务活动，如大学生和其他志愿者团队深入乡村，帮助村民学习数字工具的使用。

（三）家庭中的数字教育

鼓励家庭内部的知识传递，尤其是年轻一代向长辈普及数字工具的使用。这不仅有助于提升整个家庭的数字素养，也能增进家庭成员间的互动和理解。家庭中的年轻人可以教授长辈如何使用智能手机、社交媒体等数字应用，从而促进家庭内的信息共享和文化交流。

五、培育数字乡村文化振兴的多元主体

数字乡村文化振兴是一项系统性的复杂工程，涉及多方主体的密切合作，形成共建、共治、共享的格局。

（一）发挥政府的主导作用

政府作为乡村公共文化资源的主要提供者，需要充分发挥领导作用，引导和动员社会各界参与数字乡村文化的振兴。首先，政府应强化宣传引导，建设坚实的乡村网络文化阵地。这包括利用微信公众号、应用程序、政府网站等数字平台，通过图片、视频、音频等形式宣传社会主义核心价值观和党的政策方针，以此强化社会主义主流文化的宣传，提高村民对中国特色社会主义文化的认同感。其次，关注并回应村民的实际需求，通过新旧媒体结合的方式发布乡村振兴相关报道，征集并及时回应村民的意见和需求，提供符合村民实际需要的数字文化产品和服务。再次，积极开发以农业、农村、农民为主题的文艺作品，利用网络直播、短视频等新媒体形式，展示乡村风貌和振兴故事，丰富乡村文化内

涵。最后，营造健康的网络环境，依法打击非法和不良信息传播，清理网络空间的负面信息，弘扬社会主义主旋律。

（二）推动乡村优秀文化资源的数字化

政府还需加强乡村优秀文化的传承与发展，推动其数字化进程。首先，加大对乡村文化资源的挖掘和开发力度，充分利用地方政府的资源和能力，组织专业团队对乡村文化资源进行深入挖掘。其次，建立乡村文化资源数据库，运用先进的数字技术记录和保存这些文化遗产，如节日庆典、手工技艺和古村落等，并通过数字平台加以展示和传播，增强村民的自豪感和自信心。此外，提升乡村公共文化设施的数字化水平，如博物馆、图书馆和文化馆等，扩大村民获取文化知识的渠道，丰富他们的文化体验。

（三）发挥乡村特色文化企业的带头作用

数字乡村文化振兴必须依托于乡村特色文化产业的发展，利用地方资源大力推动这一进程。乡村特色文化企业应尊重市场规律并发挥领军作用，通过几个关键策略加强其影响力。

首先，文化企业应利用乡村的独特文化背景，采用互联网、虚拟现实（VR）等数字技术，重新诠释乡村的历史文化资源、传统节日习俗、手工技艺及古村落古物。这种方法不仅改变了传统的静态展示方式，还将乡村文化的内在价值观与现代数字技术相结合，通过创新的数字表达方式，如影视、动漫、游戏、文学和音乐等，提升数字乡村文化产品的质量和地区文化形象。

其次，推动数字文化产业与当地的农业、旅游业和数字经济等现代产业的融合。这包括规划和开发线下沉浸式体验项目，运用5G、VR/AR技术、全息投影等创新技术在古镇、古村、田园综合体等景区营造虚拟场景，从而打造基于文化场景的沉浸式体验。这样的探索不仅吸引了新时代青年的消费，还推动了乡村文化旅游产业的创新与发展。

最后，打造乡村特色品牌IP，依托乡村丰富的文化资源，活化传统文化资源，形成具有地方特色的主题形象。这种品牌IP不仅推动当地的宣传推广和文化产品开发，还有助于农产品品牌形象的塑造，将乡村文化资源的历史和文化价值转化为经济价值。同时，积极利用数字化网络平台推广这些乡村文化品牌，提升其市场知名度和份额。

通过这些策略，乡村特色文化企业不仅能推动自身的发展，还能加速整个乡村文化产业的现代化进程，为乡村振兴注入新的活力。

第八章　乡村文化发展的未来展望

第一节　新技术在乡村文化发展中的应用

随着科技的迅猛发展，新技术特别是信息技术的应用为乡村文化的保护与发展带来了前所未有的机遇。从虚拟现实（VR）到人工智能（AI），从大数据分析到云计算平台，这些技术不仅能有效记录和保存文化遗产，还能通过创新的方式加以复兴和传播。例如，数字技术可以帮助我们重新构建和体验历史长河中逐渐消逝的文化场景，让世界各地的人们在不受物理界限的限制下，共享和欣赏这些文化财富。

因此，探讨新技术在乡村文化发展中的应用，不仅是技术探索的问题，更是文化自觉的表现，它涉及如何利用现代科技手段在全球化大潮中保护和振兴本土文化的广阔议题。本文将详细分析新技术在乡村文化振兴中的具体应用和潜在影响，展望这些技术如何帮助乡村地区迎接挑战，把握机遇，开创文化和经济发展的新局面。

一、新技术的种类及其在乡村文化中的应用

随着科技进步，多种新技术已被引入乡村文化的保护和发展中，这些技术不仅增强了文化体验的丰富性和互动性，还提高了文化遗产管理的效率和精确性。下面我们将探讨几种关键技术及其在乡村文化中的具体应用。

（一）虚拟现实（VR）和增强现实（AR）技术

虚拟现实（VR）和增强现实（AR）技术已成为乡村文化展示和教育中不可或缺的工具，它们通过现代科技方式提升了用户的体验和参与感。

1. 虚拟现实（VR）技术的应用

通过虚拟现实技术，用户可以沉浸式地体验到模拟的乡村文化环境，这种体验既全面又深入。使用 VR 头盔和其他感应设备，用户仿佛身临其境地走进一个历史悠久的村落，

探索其独特的建筑风格和生活方式，或是亲身参与到盛大的传统节日庆典中。例如，通过 VR 技术，观众可以参加虚拟的中国春节庙会，体验放鞭炮、看舞狮、品尝地方小吃等活动，而这一切都可以在不离家门的情况下实现。这种技术不仅使得文化体验更加生动和真实，而且极大地扩展了教育的边界和可能性，特别是对于那些难以亲自到访的遥远地区。

2. 增强现实（AR）技术的应用

与 VR 技术不同，增强现实（AR）技术通过将数字信息叠加到现实世界中，增强用户的现实体验。使用智能手机或 AR 眼镜，游客在参观一个古老村庄时，可以看到额外的多媒体信息，如村庄的历史变迁、著名人物的故事或是传统手工艺的详细展示。这不仅使得文化遗产更加生动和容易理解，而且为游客提供了一种互动性极强的学习方式。例如，当游客站在一个历史建筑前，AR 技术可以展示该建筑过去的样子与现在的对比，甚至可以展现未来的改造设想，这样的互动体验极大地丰富了用户的文化旅游体验，增加了教育活动的趣味性和信息量。

这些技术的应用不仅使得乡村文化更加易于接触和理解，而且极大地激发了公众对传统文化的兴趣和爱好，为乡村文化的保护、传承和振兴提供了强有力的技术支持。通过 VR 和 AR 技术，我们可以构建一个更加动态和互动的文化学习环境，有效地将传统文化与现代技术结合，提高公众对乡村文化的认知和参与度。

（二）大数据和云计算

大数据和云计算技术的发展为乡村文化的保护和振兴带来了新的机遇。这些技术的应用使得收集、存储和分析庞大量的文化数据变得更加高效和实用，从而极大地增强了文化资源管理的能力。

1. 收集和分析文化数据

利用大数据技术，乡村地区能够对文化活动的各个方面进行详细的记录和分析。例如，通过收集关于文化节庆、艺术展览和手工艺市场的数据，包括参与人数、观众的反馈以及活动的经济影响等，相关组织和决策者可以实时监测这些活动的效果，并据此调整和优化未来的文化项目。此外，大数据分析可以帮助识别文化遗产的保护状况和潜在风险，从而制定出更为针对性的保护措施。

2. 云平台的资源和信息共享

云计算平台提供了一个强大的网络基础设施，使得不同地区的文化工作者可以在云平台上共享资源和信息。这不仅促进了知识和经验的交流，还加强了合作与创新。例如，文化研究者和保护者可以通过云平台共享关于传统技艺的详细教程、文化遗产的数字档案或是修复技术的最新研究成果。这种跨地区、甚至跨国界的合作网络极大地提升了各地文化项目的效率和影响力。

3. 促进文化教育和传播

云平台还可以作为文化教育和传播的有效工具。通过云端的教育资源，学校和教育机构可以向学生提供丰富多样的文化学习材料，如虚拟博物馆参观、在线互动课程等。此外，云技术还使得远程地区的居民能够接触到广泛的文化资料和学习资源，有助于缩小城乡之间的文化差异。

通过运用大数据和云计算技术，乡村文化的保护、教育和振兴活动不仅能够更加精准和高效，还能在全球范围内促进文化的共享和传承。这些技术的集成应用为乡村文化的长期发展和创新提供了坚实的技术支持和广阔的视野。

（三）人工智能（AI）

人工智能（AI）技术在乡村文化保护和振兴中发挥着多样化的作用。通过先进的算法和大数据分析，AI不仅可以助力解读和再创造文化遗产，还能在艺术创作和技艺传承方面提供重要支持。

1. 自动翻译和保护乡土语言

AI技术在语言保护领域表现尤为突出，特别是对于乡土语言的自动翻译和保存。通过深度学习和自然语言处理技术，AI能够理解和翻译多种方言和少数民族语言，使之不至于随着使用人数减少而消失。这不仅帮助保持语言的活力，还让更多非本地语言使用者能够理解和欣赏当地的文化和历史。

2. 分析和复原古老艺术品

AI的机器学习技术也被广泛应用于古老艺术品的分析和复原工作中。AI可以分析数百万件艺术品的图像和数据，识别出艺术品的年代、风格及其历史背景，甚至能够预测艺术品的原始外观并辅助进行数字化修复。例如，通过对受损壁画的图像进行深度学习分析，AI能够重现原始画作的色彩和细节，为文化遗产的保护提供了强大的技术支持。

3. 模拟传统艺术创作过程

此外，AI技术在模拟传统艺术创作过程中也显示出巨大潜力。AI可以分析历史上的艺术技法和工艺流程，然后指导新一代艺术家和工匠学习这些技艺。对于那些濒临失传的传统手工艺，AI不仅可以帮助记录和传承这些技能，还能通过创建教学模型，使学习者即便在没有传统师傅的情况下也能掌握复杂的技艺。

综上所述，人工智能正成为乡村文化保护和传承中不可或缺的工具。它通过自动化和智能化的方式增强了文化的可接入性、理解度和吸引力，为保护和振兴乡村文化提供了前所未有的可能性。

（四）移动互联网

移动互联网的普及已经彻底改变了乡村文化的传播方式，使其覆盖更广泛的受众并增加了参与度。智能手机和移动应用的普及为乡村文化的推广提供了前所未有的机会。

1. 实时直播乡村文化活动

通过移动互联网技术，乡村文化活动如节庆、民俗表演和传统工艺展示可以实时直播到全世界。这种直播不仅打破了地理位置的限制，让全球观众能够在家中观看和体验这些活动，而且还提高了活动的互动性和参与感。观众可以通过直播平台上的聊天和评论功能参与到活动中，增加了活动的动态性和吸引力。

2. 增强观众的互动体验

移动互联网平台上的互动功能让观众能够即时反馈和参与讨论，这不仅让观众感觉更加参与其中，也为活动主办方提供了即时的反馈信息，帮助他们优化和改进未来的活动。例如，观众可以通过投票、提问和分享等方式直接影响活动的内容和形式，使每一次活动都能更好地满足观众的期待和需求。

3. 提升乡村文化的可见度和影响力

移动互联网的应用不仅增加了乡村文化的可见度，还帮助激发了更广泛公众对乡村文化价值的认识和欣赏。通过社交媒体平台，乡村文化的独特元素和故事可以快速传播，吸引更多人的关注和兴趣。这种广泛的传播和讨论促进了乡村文化的现代化转型，让更多人意识到乡村文化在保护传统和促进文化多样性中的重要角色。

综上所述，移动互联网为乡村文化的保护、传承和创新提供了强大的技术支持和传播平台。这种技术的广泛应用不仅使乡村文化活动能够触及全球观众，还为乡村文化的长期发展和文化多样性的保护开辟了新的可能性。

（五）物联网（IoT）技术

物联网（IoT）技术正在逐步改变乡村文化的展示和体验方式，通过将传感器和智能设备集成到文化场所，提供了更加互动和智能化的体验。

（一）增强互动性和智能性

在乡村地区，物联网技术通过部署各种传感器和智能设备，极大地增强了文化体验的互动性和智能性。例如，在历史悠久的乡村博物馆中，安装的感应设备能够检测到观众的位置，并根据观众的具体位置自动播放相应的历史讲解和文化背景信息。这种技术不仅让博物馆的展览更加生动和教育性强，也为访客提供了高度个性化的导览服务。

（二）实现环境监测与维护

此外，物联网技术在文化遗址的环境监测和维护方面也显示出巨大的潜力。通过在文化遗址中安装环境监测传感器，可以实时监测温度、湿度、光照等关键参数，确保珍贵文化遗产得到恰当的环境保护。这些数据的实时反馈可以帮助管理者及时调整环境控制系统，防止由于环境因素导致的文化遗产损害。

（三）促进文化旅游的智慧化

物联网技术还可以推动乡村文化旅游的智慧化发展。在乡村旅游区，智能导览系统、智能交通工具和个性化旅游推荐服务可以大幅提升游客的旅游体验。例如，智能手环或手机应用可以提供实时导航、文化背景信息解读、甚至是基于游客兴趣的活动推荐，使每位游客都能享受到量身定制的文化探索之旅。

通过这些方式，物联网技术不仅增强了乡村文化的展示和体验的互动性和智能性，还为乡村地区的文化保护、教育和旅游带来了创新和提升。随着技术的进一步发展，物联网有望在乡村文化的传承和创新中发挥更大的作用，帮助乡村地区构建更加生动和持久的文化生态。

总之，新技术的应用不仅为乡村文化的保护和传承提供了新的方法，还通过创新的互动方式增强了公众对乡村文化的参与度和体验感，这对于促进乡村文化的可持续发展至关重要。

二、新技术促进乡村文化创新与传承的实践

新技术的应用为乡村文化的创新和传承开辟了新的途径，使得传统文化能够以更现代的形式得以保存和传播。以下是几个关键的实践领域，展示了新技术如何在乡村文化的保护和创新中发挥作用。

（一）数字化乡村博物馆和文化馆的建设

随着数字化技术的发展，乡村博物馆和文化馆开始利用这些技术来增强访客体验并扩大其影响力。例如，一些乡村博物馆通过建立虚拟展览，使得无法亲临现场的人们也能通过互联网访问和探索博物馆的藏品。这些虚拟展览通常包括详细的数字复制品和富有教育性的互动内容，让访客可以深入了解展品的历史背景和文化意义。此外，一些文化馆还利用 AR 技术，让访客在手机或平板电脑上看到增强的现实展示，如在实际的历史场景中添加动态解释和 3D 重建。

（二）通过新媒体平台进行乡村文化故事的数字叙述

新媒体平台，如社交媒体、博客和视频共享网站，成为乡村文化故事叙述的重要场所。这些平台使得乡村文化的传播更加直接和广泛，也允许文化传承者用更富吸引力的方式来讲述他们的故事。例如，许多乡村艺术家和工匠利用 YouTube 或 TikTok 等平台，发布关于传统技艺的教学视频，不仅保留了技艺，还激发了年轻一代的学习兴趣。

（三）利用技术重现和保存传统节日和习俗

新技术，特别是 VR 和 AR，被用来重现和保存那些可能逐渐消失的传统节日和习俗。通过创建虚拟现实体验，用户可以亲身体验到传统节日的氛围和活动，从而在全球范围内传播和保存这些文化实践。例如，中国的春节和印度的荷里节等节日的虚拟体验已被开发出来，供全球观众通过网络体验。

（四）创新项目：乡村文化节目和艺术作品的数字化展示

数字化技术也使得乡村文化节目和艺术作品能以新的形式呈现。通过数字化，一些传统表演艺术，如戏剧和舞蹈，可以被录制并通过视频编辑增添视觉效果，使得这些节目更加吸引现代观众。此外，数字化画廊和在线艺术展览使得乡村艺术家的作品能够触及到全世界的观众，提高了他们作品的可见度和市场潜力。

这些实践不仅展示了新技术在乡村文化保护和创新中的多样应用，也突显了技术在激发公众参与和提高文化传播效率方面的巨大潜力。

三、未来展望与政策建议

随着科技的不断进步，新技术在乡村文化发展中的应用预计将继续扩大，并形成新的趋势。这不仅需要国家和地方政府的有力支持，也需要社区和企业之间的紧密合作。以下是对未来发展的展望及相应的政策建议。

（一）未来新技术在乡村文化发展中的趋势

（1）增强现实与虚拟现实的普及：随着 AR 和 VR 技术的成本降低和访问性提高，预计这些技术将在乡村地区得到更广泛的应用，为居民提供更丰富的文化体验和教育资源。

（2）人工智能的角色增强：AI 技术将在文化资产的保护和管理中扮演更加重要的角色，特别是在语言和口述历史的记录、分析及复原方面。

（3）物联网技术的集成：IoT 的应用将进一步优化乡村文化活动的组织与管理，例如通过智能设备监控和维护文化遗址的安全和环境状况。

（二）国家和地方政府在推动技术融合中的政策支持

（1）制定专项资金支持计划：政府可以设立专门的基金，支持乡村文化数字化项目，包括资助乡村博物馆和文化中心的数字化升级。

（2）建立政策框架：制定明确的政策，鼓励和规范技术在乡村文化保存和传播中的应用，确保技术应用与文化保护的目标一致。

（3）提供培训和教育资源：增加对乡村居民特别是青年的科技教育投入，提高他们使用和开发相关技术的能力，促进技术的本土化发展。

（三）企业合作以推动技术和文化的共融发展

（1）企业社区合作项目：鼓励企业与乡村社区建立合作关系，共同开发和实施技术项目，如通过企业赞助乡村文化节或文化遗产数字化项目。

（2）技术共享与知识转移：企业可以向乡村社区提供技术支持和培训，帮助他们更好地利用新技术保护和传承文化。

（3）创新孵化器和加速器计划：建立专门针对乡村文化与技术融合的创新孵化器，支持乡村创业者和艺术家利用新技术开发新产品和服务。

综上所述，通过以上措施的实施，可以有效地推动新技术在乡村文化发展中的应用，保护和振兴乡村文化遗产，同时促进乡村社区的经济和社会发展。

第二节　全球化背景下的乡村文化保护与发展

乡村文化，作为地方历史和传统的重要承载体，其保护与发展在全球化的大背景下显得尤为重要。乡村文化的多样性不仅丰富了世界文化的宝库，也为当地社区提供了独特的身份认同和归属感。更重要的是，乡村文化的保护与发展可以促进社会的可持续发展，提高居民的生活质量，同时增强地方经济的活力和竞争力。在全球化的冲击下，许多乡村文化面临着消失的威胁，因此，如何在全球化浪潮中保护和发展乡村文化，已成为全球关注的重要议题。

从全球意义上看，乡村文化的保护与发展不仅是一国之内的事务，更是全人类共同的责任。每一种乡村文化的丧失，都意味着人类文化多样性的减少。因此，国际社会需共同努力，制定和实施有效的策略，以确保这些宝贵的文化遗产得以保存和传承。通过国际合作和本地行动的有机结合，可以更有效地应对全球化带来的挑战，保护和振兴乡村文化，为建设一个多元、包容和可持续的全球社会贡献力量。

一、全球化给乡村文化带来的挑战

全球化的过程虽带来无限的商机与发展可能，但也对乡村地区的文化带来了前所未有的挑战。这些挑战从文化同化到经济影响，再到人口动态的变化，均深刻影响着乡村的传统文化和社会结构。

（一）文化同化与失真

全球化推动了文化边界的扩散，全球主流文化，如西方的生活方式、价值观念、语言和消费习惯，通过电影、电视节目、互联网和社交媒体等渠道广泛传播到世界各地，包括偏远的乡村地区。这种文化输出往往伴随着较强的吸引力和影响力，导致本土乡村文化逐渐失去其独特性和吸引力，年轻一代可能更倾向于模仿和采纳外来文化，从而导致传统习俗和语言的忽视和遗忘。乡村文化的传统元素，如服装、节日庆典和民间艺术，面临被同化和失真的风险。

（二）经济全球化的影响

经济全球化导致国际资本和商品在全球范围内流动，这对乡村地区的经济结构和生活方式产生了深远的影响。全球市场的需求推动乡村经济从传统农业向工业或服务业转型，这种转变虽带来了经济上的增长，但也可能破坏了乡村的环境，改变了社会结构，影响了传统生活方式。例如，为了满足国际市场的需求，一些乡村地区可能过度开发旅游业，导致文化商品化，从而影响了文化的真实性和可持续性。

（三）人口动态变化

全球化伴随着劳动力的大规模流动，年轻人为了寻求更好的就业机会往往选择离开乡村前往城市或海外工作。这种人口流失对乡村社区结构造成了重大影响，导致老龄化问题加剧，同时削弱了文化传承的连贯性。年轻一代是文化传承的主要承载者，他们的流失使得许多传统技艺和习俗难以得到有效传承，乡村文化面临断代的风险。

这些挑战表明，虽然全球化为乡村地区带来了发展的机遇，但同时也需要采取有效措施来保护和发展乡村文化，确保其在全球化浪潮中能够保持独特性和活力。

二、保护乡村文化的策略

在全球化对乡村文化构成挑战的同时，有效的保护策略是维护这些文化遗产的关键。以下是几种成功的策略，包括法律和政策框架的建立、国际合作的加强以及社区主导的文化保护措施。

（一）法律和政策框架

有效的法律和政策框架是保护乡村文化的基础。许多国家已经实施了一系列成功的文化保护法律和政策，这些法律政策不仅旨在保护文化遗产，还试图通过教育和公共意识提升项目增强公众对文化遗产价值的认识。例如，法国的《文化遗产法》强调了保护国家重要文化遗产的重要性，规定了对文化资产的分类保护措施。在非洲，一些国家通过实施《非物质文化遗产公约》来保护其丰富的传统文化和表演艺术。这些法律通常配备了监管机构，确保文化遗产得到适当管理和维护。

（二）地方与全球合作

在全球化背景下，国际合作在文化保护方面发挥着至关重要的作用。联合国教科文组织（UNESCO）的世界遗产项目就是一个突出的例子，它不仅帮助各国识别和保护具有世界级重要性的文化遗址，还通过提供技术支持和资金帮助，增强了各国在文化遗产保护方面的能力。此外，跨国文化项目如欧盟的文化资本城市等，通过提升文化交流和共享最佳实践，增强了地方文化的国际能见度和影响力。

（三）社区主导的保护措施

社区主导的保护措施是确保文化遗产得以持续保护的关键。通过赋予当地社区管理和保护本土文化遗产的权力，不仅可以提高文化保护项目的成功率，还可以促进社区成员的文化自豪感和归属感。在印度，一些地方社区通过设立村级博物馆和文化中心，成功地保存了当地的传统工艺和艺术。社区成员参与到文化活动的策划和执行中，使得这些活动更贴近当地的文化实际，同时也更能激发年轻一代的兴趣和参与度。

这些策略表明，从制定全面的法律框架到增强地方与全球的合作，再到推动社区主导的文化保护，多方面的努力是确保乡村文化在全球化浪潮中得以保存和发展的关键。通过这些综合措施，可以有效地应对全球化带来的挑战，保护和振兴宝贵的乡村文化遗产。

三、乡村文化的可持续发展路径

（一）利用现代科技保护和传承传统文化

结合现代科技与传统文化的保护和传承是实现乡村文化可持续发展的关键。技术如虚拟现实（VR）、增强现实（AR）、人工智能（AI）和大数据不仅可以用来记录和保存文化遗产，还能使这些遗产以新颖的方式呈现，从而吸引更多的年轻人参与进来。例如，通过VR技术，人们可以体验到历史上的节日庆典或是几乎消失的传统技艺，这些体验既生动又直观。同时，AI可以用于语言和传说的记录，确保这些文化元素得以完整地传承到未来。

（二）通过手工艺、农业旅游等活动促进经济发展

发展以文化为基础的经济活动，如手工艺品制作、农业旅游、地方美食节等，不仅可以增强乡村的经济实力，还能为当地文化的传承提供实际支持。这些活动使乡村地区能够展示其独特的文化特色，吸引游客和消费者，同时为当地居民创造收入来源。例如，将传统手工艺品如编织、陶艺、木工等通过网络销售给全球消费者，或是开发农业体验旅游，让游客亲身体验种植、收获以及传统农作方式。

（三）提升乡村居民尤其是青年的文化认知和技能

教育和培训是实现乡村文化可持续发展的基础。通过在学校和社区中设立针对性的教育项目，可以提升居民特别是青少年对本土文化的认知和价值感。此外，开展工作坊、培训班和讲习所等活动，教授传统艺术、手工艺及农业技术，不仅有助于技能的传承，也能激发当地居民特别是年轻人对传统文化的兴趣和热情。此类教育项目应重视实用性与互动性，确保参与者能够直接应用所学知识于实际生活和工作中。

通过这些策略的实施，乡村文化不仅能够得到有效的保存和传承，还能在现代社会中找到新的发展方向，实现文化和经济的双重增长，最终达到可持续发展的目标。

四、利用全球化带来的机遇

尽管全球化对乡村文化带来了挑战，但它同时也提供了丰富的机遇，尤其是在文化交流、市场拓展和技术应用方面。以下措施可以帮助乡村地区充分利用这些机遇，增强其文化的全球影响力和经济潜力。

（一）文化交流增强理解

国际文化交流项目是推广乡村文化、增进全球理解和尊重的有效方式。这些项目可以包括艺术展览、文化节、艺术家交流、学术研讨会等形式。例如，通过与其他国家的文化机构合作，举办跨国文化节，展示乡村的音乐、舞蹈、手工艺品和传统习俗。这不仅有助于展示乡村文化的独特性，还可以激发外界对这些传统的兴趣和欣赏，从而促进文化多样性的全球对话和理解。

（二）推广乡村文化产品到全球市场，提升经济效益

全球市场为乡村文化产品提供了巨大的销售潜力。通过电子商务平台、国际贸易展览和跨国合作，乡村地区可以将其独特的文化产品，如手工艺品、农产品、艺术作品等推广到全球市场。这不仅有助于增加乡村地区的经济收入，还能提升其文化品牌的国际影响力。例如，通过建立在线商店，利用全球电商平台如亚马逊、eBay 等销售本地制造的手工艺品，可以直接触达国际消费者。

（三）利用数字平台推广乡村文化

数字化为乡村文化的传播提供了前所未有的机会。通过社交媒体、博客、视频平台等

数字工具，乡村地区可以在全球范围内宣传其文化。这些平台使得即使是最偏远的乡村文化也能被全世界的人们所看见和理解。此外，利用数字化技术如虚拟现实和增强现实，乡村地区可以创造互动和吸引人的数字体验，如虚拟旅游、在线互动教育课程等，这些都是将传统文化以创新方式呈现给全球观众的方法。

通过这些策略，乡村文化不仅能保护和保存其独特性，还能在全球化的大背景下找到新的成长点，实现文化和经济上的可持续发展。

第三节　政策法规对乡村文化发展的支持

通过政府和相关机构制定的具体措施，可以有效支持和促进乡村文化的保护、传承与发展。这些政策不仅旨在保护那些可能被遗忘的传统艺术形式、节日庆典、语言和手工艺，还努力通过教育和社区活动增强公众对乡村文化价值的认识和支持。例如，一些国家和地区通过法律保护重要的文化景观和非物质文化遗产，确保它们得以保存并为后代所享。此外，地方和国家级的资助项目也极大地促进了乡村文化项目的实施，帮助这些文化适应现代社会的需求，同时保留其独特性和吸引力。

一、现行政策法规的回顾

在乡村文化的保护和振兴方面，多国政府和地方机构已经制定了一系列政策法规，这些政策旨在保护文化遗产、推广文化活动，并促进文化与经济的可持续发展。

（一）现有政策法规支持乡村文化的历史和发展

自 20 世纪中叶以来，随着国际社会对文化遗产保护认识的加深，许多国家开始建立起全面的文化保护法律体系。例如，在欧洲，多个国家通过了保护历史建筑和风景区的国家法规，以防止乡村地区的传统面貌被无序的城市化和商业化破坏。在亚洲，一些国家则侧重于非物质文化遗产的保护，制定了一系列政策来支持传统艺术、手工艺和民间仪式的保存。这些政策通常包括财政补贴、税收优惠、技术支持和公共教育项目，旨在鼓励社区参与和公众意识的提升。

（二）政策法规在实际应用中的成效和局限

虽然这些政策法规在理论上为乡村文化的保护提供了坚实的框架，但在实际应用中也遇到了一些挑战。首先，成效方面，这些政策确实帮助保存了大量的文化资产，并提高了公众对乡村文化重要性的认识。许多地区的乡村文化因为这些政策的实施而焕发新生，例如通过艺术复兴项目和文化节庆的支持，不仅保护了文化遗产，同时也吸引了游客，增加了经济收益。

然而，这些政策也存在一定的局限。例如，资金往往集中在特定的、已被广泛认可的文化遗产项目上，而对于一些较小或较不显著的文化形式的支持可能不足。此外，政策执行中的官僚主义和缺乏灵活性有时也会阻碍效率，导致资源分配不均和执行不力。还有一个重要问题是，一些文化保护政策可能无意中导致了商业化过度，使得某些乡村文化失去了其原本的意义和价值，变成了纯粹的旅游商品。

因此，虽然政策法规在保护和振兴乡村文化方面发挥了关键作用，未来的策略需要更多地考虑如何平衡保护与发展、避免过度商业化，同时确保更公平和广泛的文化资助。

二、政策支持的核心领域

为了确保乡村文化的保护和可持续发展，政策支持必须覆盖多个关键领域。这包括文化遗产的保护、文化与经济发展的促进，以及教育与传承的强化。以下详细介绍这些核心领域及相关政策的实施情况。

（一）文化遗产保护

乡村文化遗产的保护政策通常涉及传统手工艺、民俗、语言等方面，这些政策的目的是保持文化多样性并保护那些可能因现代化进程而面临消失的文化表达形式。政策措施可能包括建立保护区域、提供财政补助给从事传统手工艺的工匠，或是记录和保存濒危语言。例如，一些国家设有国家级的手工艺登记系统，对认证的手工艺人提供税收减免和技术培训支持，以鼓励其继续从事并传承这些技艺。此外，通过举办传统节日和文化活动，政府亦促进了公众对本土文化的认识和参与。

（二）文化与经济发展

政策也着重于如何利用乡村文化资产来推动经济发展，特别是通过文化旅游和文化产业。这包括开发以文化为主题的旅游项目，如乡村艺术工作室旅游、历史文化村庄游等。政策支持可能包括改善基础设施、提供市场推广援助以及建立与国际旅游组织的合作关系。这些措施不仅提高了当地文化的国际知名度，还为当地社区创造了就业和收入来源，增强了文化产业的可持续性。

（三）教育与传承

教育是文化传承的关键，政策在这一领域的支持强调将乡村文化纳入正规教育体系。这可以包括在学校课程中加入本土文化元素，训练和支持乡村地区的文化教育者，以及开发相关的教育材料和活动。此外，政府和非政府组织也可能合作开展针对青少年的文化遗产教育项目，如夏令营和研习营，这些项目旨在提高年轻人对本地文化的兴趣和尊重。

通过这些综合性的政策支持，乡村文化不仅被有效保护和传承，而且成为推动经济和社会发展的重要资源。维护乡村文化的丰富性和活力，对于建立可持续发展的社会具有不可替代的作用。

三、国际视角与比较

在全球范围内，不同国家采取了多样化的策略来支持和保护乡村文化，这些策略的成功经验为其他国家提供了宝贵的参考。

（一）借鉴其他国家在乡村文化支持政策方面的成功经验

日本的"重要无形文化财产制度"有效地保护了传统技艺和表演艺术，通过认定"人间国宝"，日本不仅保存了珍贵的文化遗产，同时提高了传承人的社会地位，激励了年轻一代的参与和学习。在欧洲，意大利和法国强调将乡村文化纳入地方发展和旅游推广中，利用地区品牌推广传统产品和手工艺，成功地将文化遗产转化为经济资本。

（二）比较不同国家的策略

比较这些国家的策略可以发现，无论是在立法还是在具体执行层面，成功的文化政策都侧重于三个方面：可持续性、社区参与和教育。例如，南非的文化政策强调社区的主导角色，保证政策的实施与当地社区的需求和期望相符合。这种从下至上的策略加强了政策的接受度和效果，为保护乡村文化创造了坚实的基础。

四、未来政策建议

（一）基于当前实践和未来需求提出政策建议

鉴于数字技术的快速发展和全球化的深入影响，建议政策制定者更加重视技术在乡村文化保护中的应用。例如，可以建立更多的数字化乡村文化档案库，利用虚拟现实技术复原和展示传统节日和习俗。同时，应加大对年轻一代的文化教育投资，通过学校教育和社区活动提高他们对传统文化的认识和兴趣。

（二）适应经济、社会和文化的快速变化

未来的政策还需灵活适应经济、社会和文化的变化。这意味着政策制定需要具有前瞻性和适应性，能够迅速响应文化和经济环境的变化。建议制定周期性评估机制，定期评估现有政策的效果，并根据评估结果进行调整。此外，鼓励跨部门合作，整合资源，形成政策合力，共同推动乡村文化的可持续发展。

通过这些策略和建议的实施，可以确保乡村文化不仅得以保存，还能在现代社会中发挥更大的影响力，为社会和经济的可持续发展作出贡献。

参考文献

[1]中共中央党史和文献研究院．习近平扶贫论述摘编[M]．北京:中央文献出版社,2018.8.

[2]习近平．论坚持全面深化改革[M]．北京:中央文献出版社,2018.12.

[3]中共中央党史和文献研究院．习近平关于"三农"工作论述摘编[M]．北京:中央文献出版社,2019.4.

[4]习近平．习近平谈治国理政(第一、二、三卷)[M]．北京:外文出版社,2018.1.

[5]谭砚文,倪根金,陈志国,赵艳萍编者．乡贤、宗族与当代乡村文化建设研究[M]．世界图书出版广东有限公司,2019.08.

[6]张宁著．乡村文化振兴的构建及有效形式探索[M]．长春:吉林人民出版社,2019.12.

[7]叶培红编著．文化乡村[M]．石家庄:河北人民出版社,2019.04.

[8]徐月萍,张建琴著．乡村振兴背景下乡村群众文化阵地建设[M]．南昌:江西高校出版社,2019.12.

[9]洪辉煌．乡村记忆文化与现代教育论文选刊[M]．福州:海峡文艺出版社,2019.04.

[10]叶俊著．基于旅游人类学角度的乡村旅游文化建设研究 以大别山乡村旅游为例[M]．北京:九州出版社,2019.09.

[11]王浩著．美丽乡村建设背景下苏南传统村落文化资源保护与开发研究[M]．南京:河海大学出版社,2019.12.

[12]焦爱英,郭伟著．乡村文化产业发展与天津的实证研究[M]．北京:中国铁道出版社,2019.04.

[13]黄明辉,王廷勇主编．乡村文化传承与现代乡村发展[M]．成都:四川大学出版社,2019.03.

[14]郑晗,宋艳丽,叶茂著．乡村文化品牌的传播策略研究[M]．吉林出版集团股份有限公司,2019.08.

[15]生态文明视域下乡村文化旅游发展研究[M]．延吉:延边大学出版社,2019.09.

[16]高利华主编．乡村治理与文化重构[M]．北京:中国社会科学出版社,2019.05.

[17]王微著．乡村传统文化的继承与发展[M]．燕山大学出版社,2019.12.

[18]顾保国,崔友平主编;顾保国,林岩编著．文化振兴 夯实乡村振兴的精神基础[M]．中原农民出版社;红旗出版社,2019.10.

[19]曹锦清,张乐天,陈中亚著．当代浙北乡村的社会文化变迁[M]．上海:上海人民出版

社，2019.11.

[20]黎莹著．贵港客家孝道文化与乡村秩序[M]．北京：中央民族大学出版社，2019.11.

[21]姜春红著．文化与乡村旅游融合发展研究[M]．长春：东北师范大学出版社，2019.06.

[22]罗晓曙，王林，蒙志明．乡村特色文化与休闲旅游创业[M]．桂林：广西师范大学出版社，2019.05.

[23]贺祖斌，林春逸，肖富群，汤志华，张海丰．广西乡村振兴战略与实践 文化卷[M]．桂林：广西师范大学出版社，2019.12.

[24]汪榕．聚落与文化 寻找中国民族乡村的典范[M]．昆明：云南美术出版社，2019.

[25]鲍黎丝，黄明珠，刘红艳著．乡土文化遗产保护与乡村旅游的可持续发展研究[M]．成都：四川大学出版社，2019.05.

[26]曹文军，王晓燕，王晨．犁铧 北京乡村医生社会历史文化背景研究[M]．北京：法律出版社，2019.05.

[27]曾蓉著．从文化视角探索乡村振兴的发展之路[M]．北京：经济管理出版社，2019.11.

[28]孟铁鑫著．基于文化视角的田园综合体乡村旅游发展研究[M]．中国原子能出版社，2019.01.

[29]乡村振兴视域下武术文化传承与发展[M]．中国纺织有限公司，2019.12.

[30]河北省乡村旅游与文化创意产业融合性研究[M]．延吉：延边大学出版社，2019.09.

[31]包美霞编著．乡村文化兴盛之路[M]．2019.12.

[32]乡村文化旅游[M]．天津：天津人民出版社，2019.11.

[33]王伟著．乡村文化传承与重构[M]．北京：中国纺织出版社，2019.08.

[34]杜晓帆主编．乡村文化遗产的未来[M]．北京：知识产权出版社，2019.12.